BESTACTIVITYBOOKS.COM

PRIMA EDIZIONE 2022

Illustrazione Grafica Extra: www.freepik.com
Grazie a Alekksall, Starline, Pch.vector, Rawpixel.com, Vectorpocket, Dgim-studio, Upklyak, Macrovector, Stockgiu, Pikisuperstar & Freepik.com Designers

5 CONSIGLI PER INIZIARE

1) COME RISOLVERE LE PAROLE INTRECCIATTE

I puzzle hanno un formato classico:

- Le parole sono nascoste senza spazi o trattini,...
- Orientamento: Le parole possono essere scritte in avanti, indietro, verso l'alto, verso il basso o in diagonale (possono essere invertite).
- Le parole possono sovrapporsi o intersecarsi.

2) APPRENDIMENTO ATTIVO

Accanto ad ogni parola c'è uno spazio per scrivere la traduzione. Per incoraggiare l'apprendimento attivo, un **DIZIONARIO** alla fine di questa edizione vi permetterà di controllare e ampliare le vostre conoscenze. Cerca e scrivi le traduzioni, trovale nel puzzle e aggiungile al tuo vocabolario!

3) SEGNARE LE PAROLE

Puoi inventare il tuo sistema di segni. Forse ne usi già uno? Per esempio, puoi segnare le parole difficili da trovare con una croce, le parole preferite con una stella, le parole nuove con un triangolo, le parole rare con un diamante, e così via.

4) STRUTTURARE L'APPRENDIMENTO

Questa edizione offre un **TACCUINO** alla fine del libro. In vacanza, in viaggio o a casa, puoi organizzare facilmente le tue nuove conoscenze senza bisogno di un secondo quaderno!

5) AVETE FINITO TUTTE LE GRIGLIE?

Nelle ultime pagine di questo libro, nella sezione della **SFIDA FINALE**, troverete un gioco gratuito!

Facile e veloce! Dai un'occhiata alla nostra collezione di libri di attività per il tuo prossimo momento di divertimento e **apprendimento,** a portata di clic!

Trova la tua prossima sfida su:

BestActivityBooks.com/MioProssimoLibro

Ai vostri posti, pronti...Via!

Sapevi che ci sono circa 7.000 lingue diverse nel mondo? Le parole sono preziose.

Amiamo le lingue e abbiamo lavorato duramente per creare libri di altissima qualità. I nostri ingredienti?

Una selezione di argomenti adatti all'apprendimento, tre buone porzioni di intrattenimento, una cucchiaiata di parole difficili e una spolverata di parole rare. Li serviamo con amore e entusiasmo in modo che tu possa risolvere i migliori giochi di parole e divertirti imparando!

La vostra opinione è essenziale. Puoi partecipare attivamente al successo di questo libro lasciandoci un commento. Ci piacerebbe sapere cosa ti è piaciuto di più di questa edizione.

Ecco un link veloce alla pagina dell'ordine:

BestBooksActivity.com/Recensione50

Grazie per il vostro aiuto e buon divertimento!

Tutta la squadra

1 - Salute e Benessere #2

ح	ع	ئ	ک	خ	ع	ک	ی	ت	ن	ژ	م	ب	س	ئ
ف	ظ	ف	ت	و	ئ	م	ل	ا	س	ع	ا	ی	ع	ذ
ص	س	ذ	و	ن	ش	آ	چ	ط	ص	غ	س	م	ض	ا
ي	غ	ت	ف	ن	د	ب	گ	و	پ	ص	ا	ا	ز	ر
ث	ا	ض	ي	ق	ت	ی	ژ	ر	ن	ا	ژ	ر	ع	ژ
ض	س	ک	گ	ب	ت	ب	ی	ژ	ر	ل	آ	س	آ	آ
خ	ل	غ	ی	ئ	ر	د	ئ	ا	ي	ح	پ	ت	ب	ک
و	ض	آ	پ	ژ	ق	ن	ز	خ	ذ	ذ	گ	ا	ب	آ
ت	ز	آ	ن	ا	ت	و	م	ی	ض	غ	ض	ن	و	ک
ج	ط	ن	ت	غ	ذ	ی	ه	ر	ب	ص	م	ق	ن	ج
ق	خ	ن	ش	ذ	ث	ر	ی	ل	ی	ا	ض	ی	آ	ي
ئ	ا	ل	ا	ا	پ	ا	ئ	ا	ش	ت	ه	ا	ژ	ي
ب	ع	ص	د	ک	ص	م	ر	ک	ن	ف	ظ	ذ	گ	ر
ف	ط	ل	ه	ط	و	ی	و	ی	ت	ا	م	ی	ن	ل
ح	م	ت	ب	ئ	خ	ب	غ	ک	د	ث	ک	ث	ح	ب

آلرژی
آناتومی
اشتها
کالری
بدن
رژیم غذایی
هضم
کم آبی بدن
انرژی
ژنتیک

بهداشت
عفونت
بیماری
ماساژ
تغذیه
بیمارستان
وزن
خون
سالم
ویتامین

2 - Aggettivi #2

ا	ش	ج	ژ	ج	گ	خ	ر	ل	گ	ت	غ	گ	ش	و
چ	غ	ا	ظ	م	و	ل	د	ض	ض	ب	چ	چ	ش	ض
خ	ي	ل	ی	خ	س	چ	ر	ن	آ	ئ	ض	چ	ئ	د
م	ي	ب	ذ	م	ث	ش	ص	ي	ی	م	ی	د	و	ط
م	ج	ه	ف	گ	خ	ک	ف	ا	ي	غ	ش	و	ر	م
ر	و	س	خ	ح	ل	ص	ح	پ	و	ر	ط	ط	ث	س
خ	ر	ت	ش	ئ	ا	ب	ی	ز	ض	و	خ	ژ	ث	ئ
ق	آ	ظ	ف	پ	ق	ح	ع	ت	ت	ر	ج	خ	و	و
م	ش	ه	و	ر	ذ	ئ	ی	د	ا	ع	ح	ب	ئ	ل
خ	ا	ل	ص	ص	ث	ق	ب	ش	ی	ف	ی	ص	و	ت
ق	م	ع	ت	ب	ر	ج	ط	ظ	ک	ش	خ	ی	ص	س
ص	و	ص	ق	ئ	ص	ج	د	ح	ک	ی	ی	ش	ن	ا
ع	ج	ی	پ	غ	و	د	ث	ی	پ	ر	ج	ا	ش	ل
ئ	ت	ل	ل	چ	ئ	ط	ب	ض	د	ی	پ	س	م	م
ت	گ	س	ص	ج	ظ	چ	ط	ز	ه	ن	س	ر	گ	ن

گرسنه
خشک
معتبر
خلاق
توصیفی
شیرین
نمایشی
زیبا
مشهور
قوی

جالب هست
طبیعی
عادی
جدید
مغرور
مولد
خالص
مسئول
شور
سالم

3 - Ingegneria

و	چ	د	د	ع	ص	پ	ع	ع	ث	ک	و	پ	ص	م
ح	ر	ر	ه	ی	و	ا	ز	ی	ا	ي	آ	ی	ژ	ج
ا	خ	ت	ظ	ا	ز	ت	ا	م	ه	ب	س	ا	ح	م
ت	ش	چ	ص	م	ک	ل	س	و	ر	ل	ي	ق	ا	س
ا	ن	ر	ژ	ی	ر	ل	ت	ت	م	خ	س	ط	ن	ا
ب	ی	ح	و	ص	ص	س	ح	و	ک	ص	ز	ر	د	خ
ث	ش	ی	و	ح	ظ	آ	ک	ر	ض	ر	ل	ب	ا	ت
ف	ا	ذ	خ	گ	م	م	ا	ط	م	ت	ح	ا	ز	ا
ص	م	ج	پ	ر	ج	ض	م	ن	چ	م	ک	ت	ه	ر
آ	ئ	ف	ي	ط	ج	س	ج	م	ظ	ع	ن	د	گ	ث
ع	ص	ص	غ	ص	ج	ت	ر	و	ق	ت	ک	خ	ی	ث
ح	ل	ف	ئ	ن	خ	و	ز	د	ذ	و	ص	ج	ر	ث
س	ا	خ	ت	و	س	ا	ز	ا	ع	ز	خ	ي	ی	خ
چ	ل	ص	ی	ح	ي	ج	م	ر	م	ی	ث	پ	گ	ب
و	ع	ظ	ن	خ	گ	ي	ي	ز	ق	ع	گ	ح	غ	س

زاویه
محور
محاسبه
ساخت و ساز
نمودار
قطر
دیزل
توزیع
انرژی
استحکام

اهرم
مایع
ماشین
اندازه گیری
موتور
حرکت
عمق
چرخش
ثبات
ساختار

4 - Archeologia

خ	ف	ر	ف	ع	ع	ذ	ر	م	ز	و	ر	ا	ز	ژ
ش	ث	م	ر	ئ	و	پ	ژ	و	ت	ث	ا	ش	ن	ي
ل	ت	ذ	ا	ق	ن	ا	و	خ	ت	س	ا	ی	س	ث
ج	م	ع	م	و	م	غ	ش	ا	ر	ز	ی	ا	ب	ی
ق	د	ت	و	ن	ح	ن	ا	ر	و	د	ظ	ء	ش	ط
ذ	ن	ن	ش	چ	ق	آ	ل	ع	گ	ئ	ض	ژ	ت	غ
ق	ط	ژ	ش	ر	ق	م	ش	چ	د	ل	س	ص	ذ	د
گ	خ	ف	د	ظ	ح	گ	س	ص	گ	ج	ن	م	ژ	ی
ب	ي	س	ه	ن	خ	د	ب	ع	م	ا	ق	ق	ط	ی
ا	ص	ب	ق	ص	ل	م	ص	ی	ش	ط	چ	ب	گ	ک
س	ف	س	ی	ل	ی	ت	پ	ن	ع	ک	پ	ر	غ	ر
ت	ي	و	ت	س	ل	س	ا	ا	ح	ص	ر	ه	ط	ص
ا	ي	ع	ع	ن	ح	خ	ت	خ	م	ی	ت	ج	ج	چ
ن	غ	د	ط	د	ت	ئ	گ	م	خ	د	ا	ت	س	ا
ي	ي	چ	ژ	ه	ص	غ	ف	س	ا	ن	ش	ر	ا	ک

اشیاء
استخوان
استاد
عتیقه
محقق
ناشناخته
تیم
معبد
مقبره
ارزیابی

تحلیل
باستان
تمدن
فراموش شده
نسل
دوران
کارشناس
فسیلی
قطعات
رمز و راز

5 - Salute e Benessere #1

ف	ل	ذ	ر	ف	س	ض	و	ب	ژ	ژ	و	پ	ا	ژ
گ	ذ	ژ	ن	ح	ط	ب	ظ	ض	پ	و	س	ت	ح	ج
ذ	ر	ط	ا	ب	ع	ا	د	ت	ع	پ	ب	غ	ط	ث
ک	ت	س	ذ	ذ	ی	ص	ص	ع	ذ	ی	ک	ش	ز	پ
و	ک	ن	ن	ي	م	ع	ع	غ	ي	ج	ت	ف	خ	ئ
ي	د	ه	ا	گ	ن	ا	م	ر	د	و	ف	ژ	ي	و
ع	ض	ل	ا	ت	ی	ر	آ	ر	ا	م	ش	د	ژ	ن
ز	ا	ر	ژ	ب	ا	ک	ت	ر	ی	گ	ت	س	ک	ش
ا	ک	ي	ص	و	د	ظ	ن	چ	ج	ک	ق	ئ	غ	ا
ه	س	د	ر	م	ا	ن	ش	ی	ر	ف	ل	ک	س	ر
و	ظ	ت	ق	ق	و	ج	و	ک	ي	پ	آ	ا	ط	ت
ر	ي	ل	خ	و	ی	ر	و	س	ر	ع	ف	ک	و	ف
م	ن	ض	و	و	غ	ع	و	چ	ش	ا	ع	ي	ض	ا
و	ق	ل	ه	ن	ا	خ	و	ر	ا	د	ا	ع	ح	ع
ن	گ	ل	ظ	ع	ز	ن	ط	ر	ف	ف	ل	ی	ئ	ر

عادت
ارتفاع
فعال
باکتری
درمانگاه
گرسنگی
داروخانه
شکستگی
پزشکی
دکتر

عضلات
اعصاب
هورمون
استخوان
پوست
وضعیت
رفلکس
آرامش
درمان
ویروس

6 - Aggettivi #1

ج	ه	ض	چ	ا	د	ع	ج	ي	ب	ص	آ	ض	س	ئ
ع	ا	ن	ا	س	ک	ی	و	د	ز	ع	ی	چ	م	ئ
ش	ک	ه	ر	ذ	گ	ض	ا	ف	ژ	م	ت	خ	ل	ی
ک	د	ک	ط	ی	ر	م	ن	و	ج	ی	ئ	ش	گ	ئ
ن	ص	ن	ع	ل	ز	ج	ي	ا	غ	ق	ذ	ز	ح	ط
ظ	ی	ا	م	م	ب	ع	ج	ی	ب	و	غ	ر	ی	ب
ت	ن	ی	د	ن	ل	ب	ت	ع	ک	ا	ا	ا	ب	چ
ن	ر	پ	ن	ق	ک	ا	م	ل	ز	د	ی	ا	ج	ب
ظ	ذ	ظ	ک	ز	ا	ن	ف	ي	ش	ث	ف	ب	پ	س
س	خ	ا	و	ت	م	ن	د	ا	ن	ه	ع	و	ن	ن
س	ت	ص	چ	ث	ه	ر	ژ	ع	ی	ا	ا	ا	غ	گ
م	د	ح	پ	ص	م	د	ص	ث	پ	خ	ل	و	ی	ی
ط	ز	ی	ن	ث	ق	م	ص	ی	س	ز	ک	ظ	ج	ن
ل	ح	آ	گ	ز	ر	ص	س	ق	ن	ا	و	ژ	ر	چ
ق	و	ج	و	ش	آ	غ	ف	ت	ض	ع	ل	چ	ز	ز

جاه طلب
معطر
هنری
مطلق
فعال
بزرگ
عجیب و غریب
سخاوتمندانه
جوان
یکسان

مهم
کند
بلند
مدرن
صادق
کامل
سنگین
با ارزش
عمیق
نازک

7 - Geologia

ا	م	ا	ف	ع	آ	ط	ب	ح	ب	ج	ي	پ	م	آ
ک	س	خ	ز	ر	ک	ل	س	ی	م	ر	ص	س	ر	ت
چ	س	ت	ل	غ	س	ف	ل	ا	ت	ق	ظ	ژ	ج	ش
ن	ه	ز	ا	د	گ	ا	ئ	ا	ط	ي	ی	گ	ا	ف
ف	ل	ع	ت	ل	پ	ق	ی	ل	ی	س	ف	ا	ن	ش
ث	ز	م	س	ژ	ا	ا	ا	ش	ب	ث	ح	س	گ	ا
ذ	ل	ع	ی	س	غ	گ	ژ	ر	ا	غ	آ	ت	س	ن
ث	ز	ض	ر	ر	ص	ن	م	ل	ه	ق	ث	ا	ص	ت
ح	ئ	خ	ک	م	ن	س	ط	ی	ض	ر	س	ل	ژ	ک
م	و	ا	د	م	ع	د	ن	ی	ت	ي	خ	ا	گ	د
ک	و	ا	ر	ت	ز	ی	گ	ض	ژ	و	پ	ک	ح	ط
و	ط	ژ	س	ص	ث	س	گ	ي	ج	ي	ظ	ت	ف	ظ
ح	گ	ج	گ	ع	ل	ا	ی	ه	ب	گ	آ	ی	ص	س
ي	ف	ع	غ	ز	ز	ب	ز	ک	ک	ذ	و	ت	ف	ژ
س	س	ض	ع	ر	گ	م	ن	ط	ق	ه	پ	ی	ذ	ب

اسید
فلات
کلسیم
غار
قاره
مرجان
کریستال
فرسایش
فسیلی
گدازه

مواد معدنی
سنگ
کوارتز
نمک
استالاگمیت
استالاکتیت
لایه
زلزله
آتشفشان
منطقه

8 - Campeggio

ش	ج	ئ	چ	پ	ظ	گ	پ	ک	ب	ا	ن	و	ج	د
ا	آ	ف	ک	ق	خ	گ	ر	و	ا	و	ا	ي	م	ر
م	ط	ث	ی	ش	ح	خ	د	ه	ن	ص	ح	ز	ن	خ
ن	ق	ش	ه	ر	ق	ق	ئ	آ	ط	ض	ی	ژ	غ	ت
ب	ا	آ	گ	ژ	ژ	گ	چ	پ	ت	ي	و	ي	پ	ا
ط	ش	ک	ا	ر	ح	م	ز	غ	ی	ش	ا	ب	ث	ن
ق	پ	ف	ق	م	ف	ش	ل	ک	ض	ص	ن	ح	ي	ر
ج	غ	ط	و	ا	ئ	ر	ر	د	ا	چ	ا	ق	ظ	ز
ن	س	ج	گ	ه	ظ	خ	پ	ه	ر	ض	ت	ا	ط	د
گ	ت	ک	ث	آ	م	ث	ب	ا	ج	ظ	ق	ی	غ	ر
ل	ث	غ	ق	ز	ی	ر	ز	ل	خ	ک	ص	ق	ص	ی
ض	خ	ع	ح	ه	د	ن	ن	ک	م	ر	گ	ر	س	ا
ض	خ	ق	س	م	ج	ن	ق	خ	م	ظ	م	ا	ی	چ
م	ا	ج	ر	ا	ج	و	ی	ی	و	ن	ي	ن	ا	ه
ک	ا	ب	ی	ن	ط	ب	ی	ع	ت	ژ	ن	ی	غ	ظ

درختان
بانوج
حیوانات
ماجراجویی
قطب نما
کابین
شکار
قایق رانی
کلاه
طناب

سرگرم کننده
جنگل
آتش
حشره
دریاچه
ماه
نقشه
کوه
طبیعت
چادر

9 - Arti Visive

ئ	ش	م	ف	ن	ي	م	خ	ا	ئ	خ	ذ	ي	ژ	ا
ف	ا	ژ	ی	ر	ل	ل	ي	خ	ذ	س	ی	ن	ت	ق
م	ب	ی	ل	ت	ا	ذ	ط	ن	چ	ی	و	ن	غ	ط
ر	ل	آ	م	ق	م	و	م	ع	م	ا	ر	ی	ط	ع
ض	و	ن	ی	ن	و	ج	ز	ا	د	ن	ا	م	ش	چ
ک	ن	ت	ع	ا	س	س	ر	ا	م	ی	ک	ی	گ	گ
ی	آ	پ	ر	ت	ر	ه	ن	ر	م	ن	د	ژ	ش	ش
چ	ی	ز	ا	س	ه	م	س	ج	م	ن	و	ژ	ث	خ
ب	ث	ه	ع	س	ر	ک	ا	خ	ب	ا	خ	ب	ش	ت
ک	ج	ی	ا	ز	س	گ	ژ	ب	ش	ل	ا	ع	ن	ک
ی	ش	ا	ق	ن	ژ	ض	ی	خ	گ	ي	غ	ک	م	د
پ	د	پ	ز	ی	ع	ک	س	ح	و	ض	ل	م	د	ع
ش	ا	ه	ک	ا	ر	خ	ث	ل	ي	ع	ع	ل	س	گ
ط	د	س	ل	ت	ي	ص	ي	ق	ط	س	ج	ش	ص	ش
س	م	ظ	ث	ک	غ	ر	ح	ث	ئ	ش	م	ن	ج	ن

عکس
گچ
مداد
خودکار
نقاشی
چشم انداز
پرتره
مجسمه سازی
شابلون

معماری
خاک رس
هنرمند
شاهکار
سه پایه
موم
سرامیک
ترکیب بندی
خلاقیت
فیلم

10 - Tempo

ط	پ	ز	و	ر	ی	د	ف	ش	ظ	ص	ص	ر	ژ	س
ت	ق	و	ی	م	ئ	پ	ع	ز	ا	ل	ب	ق	چ	ت
ع	ش	ر	د	ل	ص	ع	ژ	و	آ	ق	ش	ح	ل	ج
ئ	ع	م	ئ	غ	ز	ع	ز	ر	ت	ذ	ج	و	ل	ص
ذ	ص	ا	د	پ	ق	س	ا	ل	ا	ن	ه	ظ	ح	ل
پ	ج	خ	پ	س	ظ	ن	ث	ئ	ف	ظ	ذ	ع	ظ	ژ
ث	ژ	س	ب	ص	ظ	ظ	ط	چ	پ	ز	ب	ب	ع	ق
ث	ج	ذ	پ	ک	ق	ژ	ج	آ	ا	پ	م	ز	ک	ب
س	ث	آ	ی	ن	د	ه	ق	ی	ق	د	ا	و	ح	ب
د	ه	ه	ت	و	ر	د	ط	ا	ي	ئ	ه	ج	ق	ه
ئ	ظ	ث	ظ	ن	س	ق	ح	ي	د	ف	ک	ف	ح	ز
ش	ق	ع	گ	ک	ش	س	ص	ی	ن	ج	پ	غ	ن	و
ژ	آ	س	ج	ا	خ	ژ	ا	خ	ظ	س	ا	ل	ج	د
ه	ف	ت	ه	ط	و	ی	ج	ع	ژ	ظ	ه	ر	ط	ی
ق	و	ط	ق	ت	ث	ظ	ت	خ	ت	ر	ق	ق	غ	آ

سال
سالانه
تقویم
دهه
آینده
روز
دیروز
صبح
ماه
ظهر
دقیقه
لحظه
شب
امروز
ساعت
اکنون
به زودی
قبل از
قرن
هفته

11 - Astronomia

ئ	ب	و	ف	ج	آ	س	م	ا	ن	ت	ز	ا	ض	ج
س	ز	ا	ی	ا	ص	ع	ن	ج	ص	ل	ا	ب	ذ	و
ا	ی	ت	ز	ذ	ظ	ث	ن	خ	ع	س	ع	ر	س	ف
ن	ج	ا	ا	ب	س	ح	ا	ب	ی	ک	ت	ن	ی	ص
ش	ب	و	ر	ه	ک	گ	ه	م	ب	و	د	و	ا	ح
ه	ک	ق	خ	ه	س	ه	ی	د	پ	پ	ا	ا	ر	ک
ر	ص	د	خ	ا	ن	ه	ک	ا	ش	ف	ل	خ	ک	ض
ا	گ	ر	ت	م	ا	ش	ش	ش	گ	ه	ش	ت	ن	ف
ت	ظ	و	ا	چ	ه	ح	و	ش	ا	ج	ا	ر	ف	ت
س	د	ن	ب	غ	ج	ص	م	د	د	ن	ت	ب	ژ	ط
چ	ژ	ا	ش	ص	و	ر	ت	ف	ل	ک	ی	پ	ل	ت
آ	س	ض	ت	چ	س	آ	ي	ئ	ط	ص	گ	ق	ی	ب
ح	د	ف	د	ئ	ت	ت	ن	پ	ظ	ف	ظ	ح	ژ	ل
ا	ص	خ	ع	ز	ل	ن	ب	آ	چ	ن	چ	ع	گ	خ
ی	ل	ث	ن	ذ	ز	م	ی	ن	ت	س	ق	ع	ل	ژ

سیارک
فضانورد
ستاره شناس
آسمان
کیهان
صورت فلکی
اعتدال
کهکشان
جاذبه
ماه

شهاب
سحابی
رصدخانه
سیاره
تابش
موشک
ابرنواختر
تلسکوپ
زمین
جهان

12 - Algebra

ص	ل	د	پ	ئ	ي	ژ	خ	ج	ف	پ	س	ژ	ژ	آ
خ	ئ	ح	ذ	ب	ث	ت	ي	د	ح	ر	ى	غ	ت	م
ن	ع	ح	ه	ن	ا	د	ر	س	ت	ا	م	د	و	ف
ن	م	و	د	ا	ر	ف	ص	خ	گ	ن	ش	غ	ا	ر
س	ا	د	ه	ک	ر	د	ن	غ	ى	ت	ک	ف	ا	م
گ	ط	ک	ژ	ت	ن	م	ث	ک	ف	ز	ل	ط	خ	و
س	ج	غ	ف	ا	ف	ئ	ر	ذ	س	ج	ى	ک	م	ل
ل	ز	س	ث	گ	ق	ر	پ	ص	ح	آ	ج	س	غ	خ
م	ا	ت	ر	ى	س	ع	ى	ژ	ن	ع	چ	ر	ط	ط
د	و	ن	ن	ا	ا	ي	ا	ق	ت	گ	ق	م	ت	ى
ن	ا	م	ت	ن	ا	ه	ى	م	ب	ذ	د	ک	غ	ل
ص	ژ	ن	پ	خ	آ	ر	گ	ه	ل	د	ا	ع	م	ط
س	ژ	م	ج	ث	ث	ا	ر	ل	ظ	ظ	ب	چ	چ	ب
ع	ئ	ا	ژ	ف	د	م	ا	ص	ض	ف	ف	ف	پ	خ
گ	ع	ک	ر	ر	ت	ش	ف	ذ	ي	ز	ط	ئ	ز	ش

نمودار
بخش
معادله
نما
نادرست
عامل
فرمول
کسر
گراف
نامتناهی

خطی
ماتریس
شماره
پرانتز
مشکل
ساده کردن
راه حل
تفریق
متغیر
صفر

13 - Mitologia

ج	ک	ض	ص	ر	ج	ج	ف	م	ف	ث	ث	ه	م	س
ا	ن	ه	ز	ا	ر	ت	و	و	ا	ف	ا	ن	ی	ر
ز	ض	گ	ف	ا	ج	ع	ه	ج	ن	ک	ف	ا	گ	ف
د	آ	ص	ج	ا	ض	خ	ي	و	ت	خ	ل	س	ن	ت
ا	ق	و	ی	و	ب	پ	ظ	د	ق	د	ض	ف	ا	ا
ک	ه	ن	ا	ل	گ	و	ص	ظ	ا	ا	ح	ا	د	ر
ض	گ	ت	ف	ف	ص	ن	پ	ت	م	ی	ظ	آ	و	ر
ز	ر	ي	ر	ت	ن	د	ر	خ	د	ا	ج	ی	ا	ع
س	ب	ا	ه	ي	ذ	ث	ر	ی	د	ن	ج	پ	ج	د
غ	ت	س	ن	د	چ	ح	ب	ط	ص	ب	ا	خ	آ	و
ا	ر	ت	گ	آ	پ	آ	س	ف	ظ	ش	د	غ	ی	ب
ر	و	ح	ل	ش	د	ت	ط	ا	ئ	ک	و	ص	ق	ر
ذ	د	ک	ق	ه	ر	م	ا	ن	د	ع	ی	ج	ض	ق
ي	ر	ا	ه	ی	و	ل	ا	ح	د	ت	ی	د	پ	ض
ذ	چ	م	گ	ج	م	م	ج	ک	ط	ش	ن	ئ	ث	ع

کهن الگو
رفتار
موجود
ایجاد
فرهنگ
فاجعه
خدایان
قهرمان
استحکام
رعد و برق

حسادت
جنگجو
جاودانگی
هزارتو
افسانه
جادویی
فانی
هیولا
تندر
انتقام

14 - Piante

ف	ب	گ	ی	ا	ه	ش	ن	ا	س	ی	ض	ض	ق	خ
ق	و	ا	گ	ق	ی	ق	ک	ط	و	ب	م	ا	ب	و
ج	ي	م	غ	ا	ه	ب	ی	ق	ت	خ	ر	د	ش	س
د	ش	ر	و	ا	ا	ث	و	ج	ک	ت	پ	خ	گ	ا
و	ا	ت	آ	ژ	ی	ف	ط	ل	ا	پ	ج	خ	ح	ت
ک	خ	ظ	ر	ث	گ	ل	ج	چ	ک	ی	د	ل	ک	ب
ض	و	ج	ذ	س	ی	ث	چ	م	ل	چ	خ	ز	ه	و
ظ	ب	ن	ظ	ق	گ	ط	ض	ن	ظ	ک	ز	م	چ	ش
ث	ر	گ	ر	ن	د	ق	ض	غ	چ	گ	غ	ن	ي	ج
م	گ	ل	س	ق	ن	ق	و	ز	ي	ص	ع	ث	ل	ن
ج	ر	ت	و	ت	ز	ی	م	گ	ر	ئ	ض	ي	ذ	و
ب	ب	ف	گ	ل	آ	ر	ي	ن	ج	ی	ي	س	ظ	خ
ژ	ل	ق	و	ب	ث	گ	ن	گ	غ	ظ	ش	ئ	ف	ن
ف	گ	ف	ل	و	ر	ظ	خ	س	و	ق	آ	ه	گ	گ
ع	ط	س	آ	ا	ش	م	گ	د	خ	ک	ص	س	ک	غ

کود
گل
فلور
شاخ و برگ
جنگل
باغ
خزه
گلبرگ
ریشه
زندگی گیاهی

درخت
توت
بامبو
گیاه شناسی
کاکتوس
بوش
رشد
پیچک
چمن
لوبیا

15 - Spezie

گ	ن	ژ	ض	ذ	ش	ن	ی	چ	ر	ا	د	ي	ذ	گ
ث	ف	ق	م	ی	ی	ا	ح	غ	س	ن	م	ک	و	ظ
گ	خ	ل	ت	ه	ر	ی	ز	ز	پ	ط	س	ع	ا	ز
ک	س	ه	ف	ظ	ی	ب	ي	د	ح	ع	ژ	ج	ن	د
ي	ظ	ر	ج	ل	ن	ن	ط	ه	ل	م	ق	ئ	ی	ظ
پ	ی	ا	ز	ز	ق	ی	د	ن	ه	ز	و	ج	ل	ج
غ	م	ي	ی	ر	ت	ر	آ	ا	ز	ع	ف	ر	ا	ن
ع	غ	ر	ن	د	ن	ی	م	ی	ت	ج	ژ	ذ	ی	ق
ظ	ا	ش	ش	چ	ف	ش	خ	ز	غ	چ	ر	س	ع	س
پ	گ	ص	گ	و	چ	ش	خ	ا	ز	ن	ج	ب	ی	ل
ض	ذ	د	آ	ب	ز	گ	پ	ر	ت	ل	ژ	ئ	ص	ج
ق	ظ	ع	ت	ه	ف	چ	ض	ذ	ز	د	ک	ن	آ	ت
ئ	چ	ژ	ص	ذ	ج	ل	ح	و	گ	ي	ب	ژ	ي	ز
ض	د	ژ	ح	ذ	ب	ط	ف	ئ	ک	ا	ر	ی	م	م
ت	ز	ا	ژ	ک	د	ب	ت	ل	ث	س	د	س	پ	آ

سیر
تلخ
دارچین
هل
پیاز
گشنیز
زیره
زردچوبه
کاری
شیرین

رازیانه
طعم
شیرین بیان
جوز هندی
فلفل قرمز
فلفل
نمک
وانیل
زعفران
زنجبیل

16 - Numeri

ا	گ	ل	ن	ه	س	ش	ش	چ	س	ج	ض	ع	ل	چ
ع	ر	ت	خ	ا	ب	ا	ا	س	چ	ظ	غ	ض	خ	ژ
ش	د	ح	ی	م	ظ	ن	ن	ی	ي	آ	ل	س	و	ث
ا	ت	ع	آ	ا	ت	ز	ت	غ	ا	ن	ج	ذ	ط	ژ
ر	ف	ص	ظ	س	و	د	ل	ی	ف	ب	پ	ر	پ	خ
ی	ی	ک	د	ع	ی	ه	ح	ه	د	ز	و	ن	ا	ث
ي	ذ	ع	ر	ز	ز	ز	پ	چ	ف	گ	د	ک	ن	آ
ر	ذ	ت	ئ	ی	ی	ق	د	ن	ب	د	چ	ق	ز	و
ه	د	ر	ا	ه	چ	ض	ش	ه	ج	ا	ه	ئ	د	س
ش	ش	ب	ژ	د	ز	ذ	ی	ص	غ	ل	چ	ج	ه	ش
ت	س	ی	ب	ز	گ	پ	ص	چ	ن	ژ	ه	ص	ذ	ظ
ه	ج	د	ه	ا	ه	ف	ت	ا	ز	غ	ا	ث	ط	ژ
ت	گ	د	ل	و	ع	ث	ز	ت	چ	د	ر	ص	خ	ع
پ	ن	د	ش	د	ط	ب	غ	ت	م	ب	غ	گ	ژ	ک
ص	ع	ه	پ	ل	ژ	ژ	ط	آ	ي	ا	ی	ف	ش	ش

پنج
اعشاری
نوزده
هفده
هجده
ده
دوازده
دو
نه
هشت

چهارده
چهار
پانزده
شانزده
شش
هفت
سه
سیزده
بیست
صفر

17 - Cioccolato

ن	س	خ	ص	ف	و	پ	ر	آ	ي	ک	ظ	ک	ئ	آ
ی	ا	خ	و	م	ک	و	پ	ب	ی	ض	و	ی	ن	ن
ر	ج	ر	ي	ش	ط	د	ف	ن	ن	ژ	چ	ف	ص	ت
ی	گ	ا	گ	ک	م	ر	ط	ب	ی	ک	چ	ی	ب	ی
ش	ج	ز	ء	ی	خ	ز	ب	ا	م	ط	ج	ت	ی	ا
ع	ج	چ	چ	چ	ل	پ	ه	ت	ز	ع	ه	س	ر	ک
ک	ع	خ	چ	ج	ت	م	ف	ظ	م	م	ق	ط	غ	س
ع	ک	ص	پ	ی	ر	ل	ا	ک	ا	ک	ا	ئ	و	ی
گ	م	ی	ض	ب	د	ث	خ	ر	د	ز	ل	ک	ب	د
م	ف	ژ	د	ر	ا	ت	غ	ر	ا	ژ	ع	ذ	ی	ا
ف	گ	ص	ن	ع	ت	گ	ر	ی	ب	ک	د	ح	ج	ن
خ	س	ف	ق	ن	ص	ز	س	ت	و	ح	ر	ط	ع	ج
ک	ص	چ	ظ	د	ق	چ	غ	ض	ف	ض	و	خ	ث	پ
ژ	ج	ک	خ	پ	آ	پ	ف	ق	ق	ز	م	ق	ت	ش
ک	ک	ع	ج	م	ن	ک	خ	ن	ط	ژ	ق	ح	ب	ق

تلخ
آنتی اکسیدان
بادام زمینی
عطر
صنعتگری
کاکائو
کالری
آب نبات
کارامل
خوشمزه

شیرین
عجیب و غریب
طعم
جزء
نارگیل
پودر
مورد علاقه
کیفیت
قند

18 - Guida

ج	ح	ت	س	ح	ب	و	آ	ب	ت	پ	ط	ض	م	ز
ا	م	ر	ط	ک	ر	ث	ث	ی	ي	ا	گ	ط	ت	ز
د	ل	ا	ط	م	و	ت	و	ر	س	ی	ک	ل	ت	ن
ه	و	ف	ن	ی	ش	ا	م	ذ	ح	ع	ن	ن	ق	س
ژ	ن	ی	ش	ف	ژ	ک	ر	و	ت	و	م	ش	ظ	ر
ز	ق	ک	ف	ژ	م	گ	ل	ن	ت	ت	ه	ج	ظ	ع
ظ	ل	ذ	د	ب	ا	س	و	خ	ت	ا	ح	و	ح	ت
ع	آ	ل	ث	ز	ف	و	ژ	ل	ص	ع	ت	ر	ث	آ
ه	د	ا	ی	پ	ر	ب	ا	ع	ا	چ	گ	ض	ن	ط
ر	ط	خ	ن	ع	ح	و	ر	ع	د	خ	ژ	ذ	ي	م
گ	ث	ز	م	ر	ت	ت	ا	ب	ف	ک	ي	ذ	ر	م
گ	ت	غ	ی	ط	ح	ا	گ	پ	ع	ک	ص	ت	م	ج
ل	ط	ح	ا	ز	ض	چ	پ	ژ	پ	پ	ئ	ز	ث	و
ج	چ	ش	ض	ص	ی	ب	ض	ت	ر	ظ	گ	ک	خ	ز
ل	ت	س	ی	ل	پ	ن	ع	ص	ط	ل	ک	ق	ذ	ن

ماشین
اتوبوس
سوخت
ترمز
گاراژ
گاز
تصادف
مجوز
نقشه
موتورسیکلت

موتور
عابر پیاده
خطر
پلیس
ایمنی
جاده
ترافیک
حمل و نقل
تونل
سرعت

19 - I Media

ع	ي	د	چ	ژ	د	ن	ت	ت	آ	ي	ح	ذ	د	چ
ق	ص	ا	ج	ت	ی	و	ی	د	ا	ر	ق	ض	و	ی
ز	م	آ	ر	ن	ج	ی	ل	ی	م	و	م	ع	م	ن
و	ن	گ	ظ	ر	ی	ز	ح	ت	ح	ص	ی	ل	ا	ت
ت	ش	ر	ن	ت	ت	ی	م	ق	ق	و	ا	پ	س	ع
ب	ن	ی	ش	ن	ا	و	ر	ی	و	ا	ص	ت	ک	ن
ل	س	ی	ش	ی	ل	ل	ش	ا	آ	ب	ع	س	ت	ص
ی	خ	ج	خ	ا	ع	ت	ل	ق	ج	ش	ت	ج	ا	ن
غ	ه	ج	ص	ه	ک	ب	ش	ح	ل	ح	ا	ش	ل	ع
ا	م	ط	ی	ط	ا	ب	ت	ر	ا	ر	ا	گ	ج	ک
ت	ب	ض	پ	ن	خ	ق	چ	ک	ی	و	س	چ	م	ئ
ن	ج	ن	ي	م	م	ئ	ش	و	ا	ل	ذ	ط	چ	ع
ي	ی	پ	ل	غ	ن	ض	ج	ض	ص	غ	ن	ل	ظ	ب
ی	ر	ک	ف	ب	پ	ا	ي	س	چ	و	غ	ظ	ظ	ظ
م	ل	ن	ي	ک	ئ	ث	ج	غ	ن	ص	ذ	ج	س	ی

تجاری
ارتباط
دیجیتال
نسخه
تحصیلات
حقایق
عکس
تصاویر
شخصی
صنعت

فکری
محلی
اینترنت
نظر
تبلیغات
عمومی
رادیو
شبکه
مجلات
تلویزیون

20 - Forza e Gravità

ش	ق	ک	ئ	ص	ق	ع	پ	ت	ئ	چ	ز	ظ	ئ	ت
م	غ	ن	ا	ط	ی	س	و	خ	ذ	و	م	د	ا	ر
ط	ی	ا	ی	ط	ک	ت	ی	ک	س	ز	آ	ا	م	پ
س	ئ	م	گ	ک	ژ	ح	ا	ی	ی	ن	ف	ز	و	ج
ض	ق	ز	ب	گ	ب	و	ژ	ز	ق	ن	ن	ح	ر	ط
ذ	آ	ر	ي	و	پ	ي	ص	ی	ق	ل	ا	ر	و	ق
ظ	ت	ک	خ	ن	غ	آ	و	ف	ف	ئ	ذ	ک	ح	ل
ف	ک	چ	خ	ج	د	خ	و	ص	پ	ح	ب	ت	م	ش
ج	ش	ز	ر	ش	ذ	ض	ش	ع	ب	ت	ع	ن	ن	ج
م	ف	ع	م	ا	خ	ف	ش	ا	ر	م	ر	ک	ز	چ
س	ر	ع	ت	ن	ص	و	س	ی	ا	ر	ا	ت	چ	ث
ش	س	ع	چ	ج	ز	ط	ا	ف	ا	ص	ل	ه	خ	چ
آ	م	ج	ه	ا	ن	ی	ک	ص	ع	گ	س	ت	ر	ش
خ	ش	ع	ط	ت	ل	ژ	ک	ا	پ	ش	ج	ض	ئ	ص
س	ظ	ب	ز	ک	ر	ز	ش	ش	ک	ف	ک	گ	آ	ف

محور
اصطکاک
مرکز
پویا
فاصله
گسترش
فیزیک
مغناطیس
مکانیک
حرکت

مدار
وزن
سیارات
فشار
خواص
کشف
زمان
جهانی
سرعت

21 - Sport

ص	ص	ب	ر	ا	ک	ش	ز	ر	و	ب	و	م	ص	د
ئ	د	ي	ق	پ	ش	ع	ا	س	ت	ح	ک	ا	م	و
ز	س	ت	ص	غ	م	ن	ظ	ئ	ش	ج	ل	م	و	ی
ر	ک	ذ	ی	ت	م	ا	ل	س	ز	ل	ت	ف	خ	د
ک	ژ	ح	ب	ج	ف	ح	ط	گ	م	ق	ژ	ف	ح	ن
ش	ذ	ی	ر	ا	و	س	ه	خ	ر	چ	و	د	د	ت
ش	ب	ت	م	ا	ق	ت	س	ا	ا	گ	ث	ه	ا	و
ش	ر	ا	غ	غ	د	گ	ن	ب	ص	ظ	ط	ص	ک	ا
پ	ف	ل	ع	آ	ذ	ب	د	ن	س	گ	ح	پ	ث	ن
ب	چ	ض	ن	چ	ن	ا	و	خ	ت	س	ا	گ	ر	ا
و	ر	ع	ص	ظ	ژ	ع	ی	ر	ژ	ژ	ی	ف	ک	ی
ژ	ر	ن	ش	و	گ	ث	خ	ی	ض	آ	م	ص	ر	ی
ظ	پ	ز	ا	م	ت	ا	ب	و	ل	ی	ک	ص	د	ب
ن	ک	ط	ش	م	و	س	ت	غ	ذ	ی	ه	آ	ن	ض
ص	آ	خ	ع	ت	ه	ج	ص	م	ی	ق	چ	ش	ر	س

متابولیک
عضلات
تغذیه
هدف
استخوان
برنامه
استقامت
سلامتی
ورزش
کشش

مربی
ورزشکار
توانایی
دوچرخه سواری
بدن
رقص
رژیم غذایی
استحکام
دویدن
حداکثر کردن

22 - Caffè

گ	ت	ع	و	غ	ب	ص	ش	ل	ع	آ	د	ع	خ	س
ک	چ	ف	ا	چ	ع	ب	ر	آ	ط	س	ش	ف	ث	خ
گ	ب	ي	ا	ک	چ	ح	ت	ج	ر	ی	و	چ	ج	غ
ن	خ	ژ	ط	ذ	و	ا	غ	ک	ع	ا	ح	ص	ت	و
ن	آ	ق	چ	ئ	ظ	گ	ي	ظ	و	ب	ن	و	ر	گ
و	ث	غ	ع	آ	ز	ط	م	ي	ن	ک	ی	د	ژ	ژ
ش	ک	خ	ظ	ز	گ	ف	ی	ل	ت	ر	ي	ز	خ	پ
ی	ک	ژ	ن	آ	ب	ک	ث	پ	ژ	د	س	ح	گ	ن
د	ر	ک	ک	ز	آ	ق	ذ	ق	ش	ن	ع	پ	ا	ش
ن	م	ت	ه	ا	ی	س	ی	ف	و	ی	ظ	ن	غ	ی
ی	ل	ل	س	ب	س	م	ق	د	ا	د	ب	آ	ی	ر
ج	ج	خ	ز	ط	ت	ا	ن	م	ن	ی	ئ	ف	ا	ک
ک	ع	ن	گ	م	گ	ج	د	ع	ح	س	ث	ع	ح	ج
ژ	ط	ث	ع	آ	ف	ز	ن	ط	ظ	ا	ئ	گ	چ	ق
ص	غ	خ	ذ	ف	ث	ج	غ	ک	ت	ر	ث	ض	غ	ی

شیر
مایع
آسیاب کردن
صبح
سیاه
قیمت
جام
تنوع
قند

اسیدی
آب
تلخ
عطر
نوشیدنی
کافئین
کرم
فیلتر
طعم

23 - Uccelli

پ	ئ	ش	غ	ا	ز	د	ب	ا	ر	د	ک	م	ت	ز
ئ	ن	ط	گ	ع	ش	ث	ظ	ز	ح	ز	ش	ر	و	غ
ع	ع	گ	ز	ک	ش	ا	ه	ی	ن	ع	ج	غ	ک	م
ی	ف	ی	و	ض	و	ش	م	ط	د	خ	ن	س	ا	ص
پ	خ	چ	د	ئ	س	و	ظ	و	ب	ط	گ	و	ن	ژ
ل	ب	آ	م	ظ	ن	ث	گ	ط	ث	ش	س	و	غ	ک
ی	آ	ع	ح	ل	ت	ن	ا	ن	ه	ت	خ	ا	ف	ج
ک	ب	د	ق	س	خ	ک	ن	ی	ی	ر	ل	ط	ش	ت
ا	چ	ش	ل	ا	ش	ب	س	ت	آ	م	غ	ن	و	خ
ن	آ	گ	ف	س	ب	و	ع	ی	ز	ر	ا	ع	ص	م
ح	و	ا	ص	ی	ل	ت	ز	ذ	د	غ	ج	ل	و	م
م	ل	ک	ل	ک	د	ر	ض	ح	ئ	ص	ی	ا	ف	ر
ذ	س	ج	ش	چ	ص	ئ	آ	ک	ع	ث	م	ض	ش	غ
و	ح	ج	ق	و	ی	ص	م	ت	م	ط	ش	ي	س	ر
خ	ح	غ	ن	س	ص	م	ژ	ر	خ	ص	د	ذ	پ	ح

حواصیل
اردک
عقاب
لک لک
قو
فاخته
شاهین
فلامینگو
جغد
غاز

طوطی
گنجشک
طاووس
پلیکان
کبوتر
پنگوئن
مرغ
شترمرغ
توکان
تخم مرغ

24 - Giorni e Mesi

ژ	ل	د	آ	ث	ر	ب	ي	غ	ا	ي	ک	غ	س	ت
ف	ا	ي	ل	ذ	چ	ژ	ر	ج	ج	ی	ج	ي	ا	آ
ی	ئ	ن	ش	ن	ب	ه	ن	ت	ژ	ج	ط	گ	ل	و
م	پ	ت	و	پ	ا	ف	ق	ژ	ب	و	س	ی	ت	ر
ت	ر	و	د	ی	س	ض	ش	ح	د	ل	پ	ک	م	ی
ا	و	ت	ج	ن	ه	ه	ت	ف	ه	ا	ت	ش	م	ل
ع	ز	ق	گ	ا	ف	پ	ش	ج	خ	ی	ا	ن	ا	چ
ر	ی	م	ئ	س	چ	ئ	آ	ن	ف	ج	م	ب	ه	ه
ق	ف	ئ	د	س	ا	م	ب	ر	ب	ق	ب	ه	ب	ا
خ	ف	و	ر	ی	ه	ی	ح	ج	ع	ه	ر	غ	ن	ر
ن	ر	ه	ب	ن	ش	و	د	م	ز	آ	آ	ل	ع	ش
ت	ط	د	م	خ	ي	ق	ف	ع	ا	ک	ت	ب	ر	ن
ث	م	ن	ا	ظ	ح	ت	ف	ه	ت	خ	ا	ي	ط	ب
ا	د	و	و	د	ک	ن	ت	ع	ث	ز	ف	ب	ث	ه
ر	ت	ذ	ن	د	ل	ض	ت	ت	ت	ط	ف	ذ	م	آ

اوت
سال
آوریل
تقویم
دسامبر
یکشنبه
فوریه
ژانویه
خرداد
جولای

دوشنبه
سه شنبه
چهارشنبه
ماه
نوامبر
اکتبر
شنبه
سپتامبر
هفته
جمعه

25 - Casa

م	غ	ق	ا	ت	ا	ذ	د	ظ	ش	پ	ب	ژ	س	ل
گ	ظ	ث	ج	د	ز	ص	ی	ع	خ	ژ	ا	ح	ش	ح
خ	ق	آ	ف	ق	س	ر	و	و	ي	ح	غ	و	ر	ث
ذ	ط	ک	ل	ی	د	ه	ا	ح	م	ا	م	ع	ف	ي
ن	ا	ب	ر	د	ط	ف	ر	ف	چ	ی	ر	غ	ذ	چ
ن	ه	ن	ا	خ	ب	ا	ت	ک	ن	غ	ه	ن	ا	خ
س	د	ج	غ	ث	آ	ی	ن	ه	ض	ظ	ي	ت	ژ	ج
پ	ر	ف	آ	ن	ئ	م	ا	ر	م	خ	ث	و	ی	ع
ج	ن	گ	ز	ق	ف	ط	م	ج	ش	ز	ی	ض	ص	ظ
س	ژ	ا	ر	ا	گ	ل	ز	ن	ي	ض	ج	ج	ط	م
پ	د	ض	خ	ح	ل	ا	م	پ	ک	ا	ص	ث	غ	ض
و	ه	ن	ا	خ	ز	پ	ش	آ	ر	ر	ذ	د	ج	غ
گ	ف	ع	ذ	ا	ذ	ف	و	و	د	ژ	و	ق	آ	ث
ژ	ز	ظ	گ	ط	ض	ض	ي	ژ	چ	ش	م	گ	ف	ش
چ	ظ	ط	ذ	و	ب	ی	ج	ک	ئ	ي	خ	ي	ک	و

حمام
کتابخانه
اتاق
شومینه
خانه
کلیدها
آشپزخانه
دوش
پنجره
گاراژ

باغ
لامپ
دیوار
کف
درب
نرده
جارو
آینه
فرش
سقف

26 - Fantascienza

ز	ز	ب	ک	ب	م	ف	ر	ط	س	م	ا	آ	م	م
س	ح	م	ن	غ	پ	ی	گ	ط	س	گ	ن	آ	ئ	ئ
ی	ک	چ	ا	ج	ک	و	ن	م	ی	خ	ف	ط	ص	ع
ا	س	ش	گ	ز	غ	ج	ه	ا	ن	ف	ج	ر	پ	ح
ر	ث	ق	ط	آ	ح	و	د	د	م	ز	ا	ر	پ	ق
ه	ث	ظ	ک	ک	ت	ق	ن	ی	ا	ت	ر	ن	غ	ی
ت	ک	ن	و	ل	و	ژ	ی	س	ص	غ	گ	ل	ط	غ
ي	آ	ي	ي	ش	ک	گ	آ	ت	س	ش	ا	ک	س	ش
ط	ت	م	س	ن	ا	ر	ی	و	ا	ه	ب	ا	ت	ک
ي	ش	ر	ذ	ا	آ	ض	ل	پ	ي	ث	چ	ر	خ	غ
ض	ط	م	غ	ش	آ	ظ	ا	ی	ت	ظ	ش	و	ژ	ر
ل	خ	و	ت	ک	ط	ض	ی	ا	ژ	ع	ن	ا	م	ر
ژ	ز	ز	ذ	ه	آ	م	خ	م	گ	و	ز	ح	ی	ص
ب	ب	ت	ظ	ک	ت	ب	ص	م	ق	چ	و	ژ	و	ث
ژ	ل	ک	ا	ا	ه	ل	ض	ا	ف	ه	ن	ی	د	م

اتمی
سینما
دیستوپیا
انفجار
مفرط
آتش
آینده نگر
کهکشان
توهم
خیالی
کتابها
مرموز
جهان
اوراکل
سیاره
رمان
سناریو
تکنولوژی
مدینه فاضله

27 - Città

ت	ه	ا	گ	ش	و	ر	ف	ت	پ	ا	ز	آ	ج	خ
ک	ظ	ق	ا	ج	ب	م	ا	ا	ژ	ب	ذ	س	م	و
ک	ل	ل	ل	ژ	ا	ي	و	ف	ر	و	د	گ	ا	ه
ن	ت	ژ	ر	و	غ	ح	ذ	ز	ژ	ظ	ج	ذ	ف	س
ا	ه	ا	ی	ح	و	آ	س	ج	ه	س	ر	د	م	و
ب	ن	ث	ب	ع	ح	ی	ی	ص	ا	ز	س	ظ	گ	پ
گ	ا	خ	ه	ف	ش	ی	ن	چ	گ	خ	د	ط	ل	ر
ت	خ	ز	ن	ک	ر	ا	م	ص	ن	و	ا	ا	ف	م
ن	ب	د	ا	غ	ک	و	ا	ط	ا	ر	ن	ر	م	ا
م	ا	س	خ	ر	ب	ن	ش	آ	م	ز	ش	ع	و	ر
خ	ت	ئ	ی	و	ت	ا	ی	ی	ر	ش	گ	د	ش	ک
ئ	ک	ر	ر	ق	ي	ن	ا	د	د	گ	ا	پ	ض	ت
چ	ط	ظ	ا	م	ا	م	م	ظ	ج	ا	ه	ب	ز	ط
س	م	ب	د	ش	ي	د	ن	ح	آ	ه	چ	ح	گ	ل
د	ی	آ	ن	چ	ظ	ط	ق	ج	ف	ش	ذ	د	ي	ف

فرودگاه
بانک
کتابخانه
سینما
درمانگاه
داروخانه
گلفروش
گالری
هتل
کتابفروشی

بازار
موزه
فروشگاه
نانوایی
مدرسه
ورزشگاه
سوپرمارکت
نمایش
دانشگاه
باغ وحش

28 - Fattoria #1

ئ	ز	ی	ع	ض	ک	ل	ئ	ف	ل	ض	چ	ث	ي	ي
ج	ط	و	چ	ف	ی	ش	آ	ب	ئ	ل	م	ی	ب	ع
خ	غ	ن	ي	ا	ک	ذ	ص	ی	ع	ک	غ	ب	ض	ش
ا	ص	ج	گ	ا	و	ز	ن	ل	ج	غ	ب	ب	س	ا
چ	ث	ه	ذ	ا	د	گ	ل	ه	ب	ر	گ	س	ن	پ
د	ا	ن	ه	ص	آ	س	د	ي	چ	م	ئ	ر	ی	پ
ئ	ن	ز	ن	ب	و	ر	ع	س	ل	آ	پ	ن	ز	ب
گ	س	ف	ی	ت	ن	و	ن	ع	ظ	ذ	آ	ق	ر	ز
ئ	د	ب	م	گ	ر	ذ	ز	ز	ئ	ب	ا	ک	و	خ
ث	ص	ر	ز	م	گ	ک	ث	ک	ظ	ف	چ	ت	ا	ک
ف	ئ	ت	چ	ض	ل	ح	گ	ب	و	ع	ر	ژ	ش	ج
ن	ط	ر	خ	ي	ج	ن	ر	ب	س	ف	خ	ق	ک	ص
گ	ئ	ف	ج	ض	گ	ذ	ص	ل	ه	ل	ا	س	و	گ
ر	ح	ذ	ک	ض	ظ	گ	و	ئ	ئ	ل	خ	ح	ض	ر
غ	ج	ي	و	ل	ج	پ	گ	ز	غ	ح	ظ	ت	آ	پ

آب
کشاورزی
زنبور عسل
خر
زمینه
سگ
بز
اسب
کود
یونجه

گربه
گله
خوک
عسل
گاو
مرغ
نرده
برنج
دانه
گوساله

29 - Psicologia

ط	د	ل	ئ	ش	ض	آ	ب	ر	ر	و	ژ	ل	ع	و
ش	س	ف	ن	ن	ق	ت	ک	ا	ر	د	ا	ز	ث	ب
ک	ا	غ	ژ	ا	ب	ع	ن	ک	ل	م	س	ف	و	خ
ا	س	گ	ي	خ	ض	ي	ئ	ف	ک	ی	ض	ئ	ف	ا
و	ح	ئ	م	ت	ح	ث	م	ا	ش	ر	ن	ح	ئ	ط
ظ	ا	س	ر	و	ی	ا	ه	ا	م	ی	ا	ی	ر	ر
و	د	ق	ا	ک	و	د	ک	ی	ت	گ	م	ب	ف	ا
ن	ا	گ	ع	س	ی	ص	گ	غ	ج	ر	ر	ا	ت	ت
چ	ط	ن	ص	ی	ا	ض	ج	ز	ر	د	د	ی	ا	ی
خ	ح	پ	ي	پ	ت	ت	ل	خ	ب	ح	ش	ز	ر	ص
ن	ا	خ	و	د	آ	گ	ا	ه	ی	ت	ج	ر	ط	خ
آ	ک	گ	ت	ش	م	آ	ح	ا	ا	ژ	ن	ا	ت	ش
غ	غ	ص	ث	ا	و	ج	ع	و	ت	ن	ن	ق	غ	چ
غ	ق	آ	ز	ب	ی	ب	ج	ش	س	و	ش	ذ	ت	ل
ق	ر	ا	ر	م	ل	ا	ق	ا	ت	ض	د	ح	ز	ا

افکار
ادراک
شخصیت
مشکل
واقعیت
خاطرات
احساس
رویاها
درمان
ارزیابی

قرار ملاقات
بالینی
شناخت
رفتار
درگیری
نفس
احساسات
تجربیات
ناخودآگاه
کودکی

30 - Paesaggi

آ	ت	ض	ر	ب	ا	ت	ل	ا	ق	ا	د	ت	ج	ذ
ب	ب	ن	ط	و	غ	ز	د	ث	پ	ب	ر	پ	م	چ
ش	و	ا	د	ظ	د	ی	ج	ن	ل	خ	ی	ه	و	ک
ا	گ	ش	گ	ر	ل	خ	و	ا	ح	ه	ا	و	ذ	ئ
ر	گ	ف	ق	و	ا	پ	ا	د	ا	ش	ا	ک	ا	ز
ی	ط	ش	و	ض	چ	ض	ل	ن	س	ج	ز	ی	ر	ه
ش	ل	ت	ب	ث	خ	ز	ن	ظ	ه	ژ	گ	ظ	ض	ک
غ	ژ	آ	ل	ه	ی	ش	ع	ک	ت	ک	گ	ک	چ	ز
ی	چ	س	ژ	آ	ج	ر	خ	ل	ی	ج	ق	گ	ط	ي
ف	ف	ک	و	ی	ر	ز	د	ر	ی	ا	چ	ه	ک	گ
ح	ر	ا	ص	ی	ا	ح	ی	ص	م	ا	ت	ي	ژ	ا
و	ص	ذ	غ	چ	غ	آ	ش	ر	ئ	د	ج	ي	ئ	م
ا	ق	ی	ا	ن	و	س	ي	س	ه	ر	ز	ق	ش	چ
ا	ص	ط	ص	ظ	ل	ژ	ع	ی	ل	ه	چ	ض	ک	ي
ظ	گ	چ	چ	ا	ص	ل	گ	ش	ق	ت	د	ک	ت	ک

آبشار
تپه
کویر
رودخانه
یخچال
خلیج
غار
کوه یخ
جزیره
دریاچه
دریا
کوه
واحه
اقیانوس
باتلاق
شبه جزیره
ساحل
تندرا
دره
آتشفشان

31 - Energia

ب	ج	گ	ژ	ن	ض	ت	ه	ح	ص	ا	م	و	خ	و
ر	ا	ج	ر	ب	ژ	و	ی	ا	ه	ت	س	ه	ب	س
ق	د	ذ	ث	ی	چ	ر	د	ح	ر	ف	م	ض	چ	و
ی	غ	ط	ب	ض	ن	ب	ر	ک	ئ	ن	ع	ش	ب	خ
چ	ا	ظ	آ	ا	ا	ی	و	ب	ر	ف	ع	و	خ	ت
د	ن	س	ج	ع	ت	ن	ژ	ن	و	ت	و	ف	ا	ش
ق	ی	ا	ر	د	ع	ر	ن	ز	ت	غ	ظ	گ	ر	ب
ص	گ	ز	ل	ت	ن	چ	ی	ی	و	ض	غ	غ	ت	ب
خ	د	ظ	ل	ک	ص	ئ	آ	ن	م	ظ	ش	ط	و	ا
ض	و	خ	آ	ش	ت	آ	ن	ت	ر	و	پ	ي	ي	د
ل	ل	س	ز	ع	ر	ر	ی	ذ	پ	د	ی	د	ج	ت
ص	آ	ت	پ	د	ا	ت	و	س	ن	ع	ي	و	م	ط
ک	ث	ت	غ	ض	ر	ر	ط	ن	د	ش	ظ	ق	ئ	چ
ز	آ	ظ	ط	ی	ح	م	ک	س	ر	ا	ذ	ئ	د	ص
گ	آ	ز	ب	و	ذ	ض	ف	ز	ظ	ذ	خ	و	ا	ل

محیط
باتری
بنزین
حرارت
کربن
سوخت
دیزل
برقی
الکترون
آنتروپي

فوتون
هیدروژن
صنعت
آلودگی
موتور
هسته ای
تجدید پذیر
توربین
بخار
باد

32 - Ristorante #2

ن	س	پ	ن	ه	ض	ا	ک	پ	آ	ل	ا	گ	ن	چ
م	و	خ	و	ش	م	ز	ه	ث	آ	ط	ت	ح	گ	ب
ک	پ	ی	ش	ع	ح	ا	چ	ا	ژ	م	س	ش	ر	ب
ی	م	ث	ی	ذ	ح	ن	ص	ی	ه	ا	م	ف	م	ع
ک	ي	ا	د	ر	آ	ن	م	ق	ق	خ	ت	ئ	ح	ز
م	ا	ش	ن	ب	د	و	و	ت	ا	غ	پ	ر	ن	د
ت	ح	ا	ی	ل	ا	س	ئ	غ	ش	ر	ا	ه	ا	ن
پ	ج	ع	ی	ی	ل	ر	ق	ذ	ق	م	م	ی	ط	ج
ل	ی	ذ	گ	ل	ا	ا	ژ	پ	ت	م	ی	و	غ	م
د	ق	ج	چ	ظ	س	گ	د	ظ	ج	خ	ي	د	ئ	ئ
ز	ذ	ف	ئ	س	ب	ز	ی	ج	ا	ت	ظ	ا	چ	خ
ژ	ک	م	ق	م	ف	م	ت	چ	ط	ظ	ط	ت	گ	پ
س	م	ض	ح	ح	ث	ت	س	ع	ئ	و	ظ	ح	گ	ذ
ذ	ظ	م	ذ	آ	م	ع	ی	ي	ظ	د	ح	ق	ژ	ر
ع	ط	ف	ث	ک	ذ	ا	م	ل	ز	م	ح	پ	پ	ک

آب
نوشیدنی
گارسون
شام
قاشق
خوشمزه
چنگال
میوه
یخ
سالاد

سوپ
ماهی
ناهار
نمک
صندلی
ادویه
کیک
تخم مرغ
سبزیجات

33 - Moda

ع	غ	ذ	ف	ر	و	ت	ن	ش	ط	ت	ظ	ع	ي	و
م	ا	ل	گ	و	خ	ف	ز	ض	ر	ئ	ف	ن	خ	و
ل	ط	ح	ک	ئ	آ	غ	ذ	چ	ح	ط	ز	و	ح	س
ی	ن	ق	ی	خ	ي	گ	ز	ط	ح	ط	و	چ	ی	چ
ب	ي	س	ي	ث	ژ	ا	خ	س	ظ	چ	ک	ز	چ	پ
ه	م	ا	ل	م	ک	و	ص	پ	گ	گ	ص	ا	ث	ف
د	ق	ن	ظ	د	ح	د	ل	ظ	د	غ	ش	ض	ن	و
ی	ک	ب	س	ی	گ	ظ	ب	ح	ظ	ش	ب	و	ذ	ق
چ	ی	م	خ	ي	گ	ن	ا	ر	گ	ی	ا	آ	ف	ذ
ی	ت	م	ه	د	ا	س	س	ت	گ	ل	د	و	ز	ی
پ	و	ش	د	ئ	ا	خ	ئ	و	ح	ص	ن	ز	ل	ح
ط	ب	ه	چ	ر	ا	پ	ب	ر	د	ا	و	ح	ز	ز
ب	ا	ف	ت	ص	ن	چ	ف	ی	ن	ب	ر	ژ	ز	غ
م	ی	ن	ی	م	ا	ل	ی	س	ت	ی	ش	ق	ز	ق
ح	ض	ی	ق	ق	س	ل	د	چ	ف	ز	ث	م	ئ	پ

لباس
بوتیک
گران
راحت
زیبا
مینیمالیست
الگو
مدرن
فروتن
اصلی

توری
عملی
دکمه
گلدوزی
ساده
پیچیده
سبک
روند
پارچه
بافت

34 - L'Azienda

خ	ط	ر	ا	ت	ش	م	م	ئ	ض	ن	و	گ	ر	ص
ق	گ	ر	ل	ک	ه	ظ	ن	ح	ئ	پ	ث	ژ	ص	چ
ذ	ث	د	م	آ	ر	د	ر	ا	ص	ژ	ح	د	د	ش
ي	ذ	ا	ر	س	ت	ا	ل	ز	ب	و	ژ	ظ	خ	ش
خ	ل	ا	ق	س	ي	ض	ح	ئ	خ	ع	ل	خ	م	و
غ	ص	غ	ن	ک	ث	ت	ب	چ	ز	ت	چ	ح	د	ظ
م	ث	ح	ی	آ	س	گ	ت	ک	پ	ح	و	آ	ت	و
ا	ل	آ	س	ر	م	ا	ی	ه	گ	ذ	ا	ر	ی	ک
ا	ر	ا	ئ	ه	ف	د	ف	ن	ن	ا	م	ک	ا	ن
غ	ل	ی	ت	ع	ن	ص	ی	ا	ا	ا	ي	ت	و	ف
ع	ح	ر	ف	ه	ا	ی	ک	ق	گ	ه	ز	ص	ا	آ
و	غ	ع	ر	ا	ش	ت	غ	ا	ل	غ	ج	م	ح	چ
ژ	و	ب	ش	م	م	م	ن	ل	ب	ج	پ	ی	د	ث
چ	ظ	ص	ی	د	خ	ط	ث	خ	ز	خ	ئ	م	ه	ج
ع	ح	س	پ	ر	و	ن	د	ز	م	ت	س	د	ا	ن

خلاق
تصمیم
جهانی
صنعت
خلاقانه
سرمایه گذاری
اشتغال
امکان
ارائه
محصول

حرفه ای
پیشرفت
کیفیت
درآمد
شهرت
خطرات
منابع
دستمزد
روند
واحدها

35 - Giardino

ف	ذ	ج	ح	ح	ف	پ	ق	ا	پ	گ	د	ض	ز	ق
ر	م	د	و	ا	ی	و	ا	ن	ئ	ص	ج	ش	ب	ص
ل	د	ع	ب	ن	ر	د	ه	ت	ج	ش	خ	ا	ک	ث
ب	و	ش	ح	ی	ا	ز	م	خ	ز	ب	ل	م	ا	ض
ش	ن	ک	ش	ل	ر	ب	ت	ر	ا	س	گ	ن	ت	گ
ژ	پ	پ	غ	و	ن	ل	ض	د	ب	ر	ک	ه	گ	ا
ا	ز	ئ	خ	پ	ا	ذ	چ	ک	ک	ب	ا	پ	ز	ر
ز	ن	ذ	ر	م	ث	ح	ظ	م	ا	ی	ب	ظ	ک	ا
ع	ل	ف	ه	ا	ی	ه	ر	ز	ن	ل	گ	ف	پ	ژ
ز	ض	ب	ش	ر	ی	ا	س	ر	غ	ع	چ	ک	ح	و
س	و	گ	ت	ت	ن	ث	خ	غ	آ	و	ن	ق	ط	م
ج	ع	ئ	ک	ئ	ق	غ	ض	آ	ش	ژ	ت	ک	ت	ط
ش	ق	ح	ف	پ	ط	چ	ب	ف	ف	ف	غ	ي	ی	ژ
گ	ب	ا	غ	ذ	س	ن	ی	م	ک	ت	ی	آ	ز	ت
آ	س	گ	ف	ز	ئ	آ	پ	ل	ظ	غ	ظ	ل	ل	ب

درخت
بانوج
بوش
چمن
علف های هرز
گل
گاراژ
باغ
بیل
نیمکت

ایوان
شن کش
نرده
برکه
خاک
تراس
ترامپولین
شلنگ
تاک

36 - Riscaldamento Globale

ت	ی	ع	م	ج	ا	پ	د	ق	ش	ش	ق	آ	ع	ل
د	و	ی	ط	ی	ح	م	ا	ط	ظ	ل	ض	ظ	ي	ث
ت	و	س	ژ	ص	ن	ع	ت	ب	ص	ش	ح	ح	خ	ق
ن	د	ل	ع	ر	و	گ	ظ	ش	م	ژ	ئ	ي	چ	ر
ب	ا	ا	ت	ه	ن	ط	ي	م	ش	ا	ث	ت	ض	گ
ح	ن	ق	ف	ج	ک	ا	ه	ا	گ	ت	س	ی	ز	ژ
ر	ش	ل	ث	و	ا	ی	ل	ل	م	ل	ا	ن	ی	ب
ا	م	ی	چ	ت	م	چ	د	س	ص	ق	ح	ت	چ	ث
ن	ن	م	ع	ق	ا	ن	و	ن	گ	ذ	ا	ر	ی	غ
ر	د	ظ	ت	ن	ح	پ	ظ	ت	ی	ک	ق	س	چ	ک
آ	ی	ن	د	ه	د	ا	د	ئ	ث	ف	غ	گ	ط	ض
آ	غ	ا	د	ر	ظ	ق	ا	ظ	ث	ر	خ	د	پ	ن
ض	چ	ع	ع	م	ح	ئ	آ	ط	و	د	غ	م	ش	ظ
ت	س	ذ	گ	خ	ج	پ	گ	ا	ز	م	ل	ئ	ص	د
س	ل	گ	ک	ل	ذ	ق	ي	و	ت	ا	ل	ب	ن	غ

محیطی
قطب شمال
توجه
اقلیم
بحران
داده
انرژی
آینده
گاز
نسل

دولت
زیستگاه
صنعت
بین المللی
قانون گذاری
اکنون
جمعیت
دانشمند
توسعه
دما

37 - Frutta

و	ا	ژ	ج	ت	خ	ا	ظ	ض	ک	د	ژ	آ	ط	ح
ذ	ر	ج	ج	ک	ر	و	گ	ن	ا	ن	ذ	ت	ذ	ا
ن	ظ	د	ج	ت	ب	ی	س	خ	ض	و	ک	د	ب	ن
م	ل	ض	چ	ح	ز	ض	ف	آ	م	و	ز	ق	غ	ل
ط	ی	ی	ت	ص	ه	ي	ف	ن	ف	ر	ل	ث	ز	ئ
ص	م	ص	ئ	ش	ر	و	د	ا	ک	و	و	آ	ر	س
ج	و	ش	ک	ذ	ل	ز	ش	ن	س	ز	ل	ا	د	س
گ	ص	ت	ک	ح	آ	ی	ب	ا	ل	گ	ه	ن	آ	د
د	ذ	آ	ی	ل	ي	و	ل	س	ز	خ	پ	ب	ل	م
پ	ا	پ	ا	ی	ا	ی	ت	ا	م	ذ	ظ	ه	و	ک
م	ت	و	ا	ج	ئ	ک	و	ل	س	ب	و	ت	ذ	س
ژ	م	ي	ط	ن	پ	ظ	ت	ی	ئ	ف	ظ	پ	ن	ي
و	ش	ک	ذ	ر	ن	ژ	ئ	گ	ذ	ر	ي	د	ئ	ح
ت	ک	گ	ح	ا	م	ز	ظ	گ	ت	ن	ط	گ	ح	ک
ک	ن	ئ	ص	ن	م	د	د	ز	پ	ج	ر	ص	ش	د

زردآلو
آناناس
نارنجی
آووکادو
توت
موز
گیلاس
شکل
کیوی
تمشک

لیمو
انبه
سیب
خربزه
شلیل
پاپایا
گلابی
هلو
آلو
انگور

38 - Fattoria #2

غ	پ	ط	ق	ی	ح	آ	خ	ی	ت	ظ	ج	و	گ	ب
ا	م	ا	ل	ج	ک	ن	آ	ز	ش	ر	ا	ب	ن	ا
ز	ل	ذ	ی	ض	ئ	ئ	ی	ث	ک	س	م	ج	گ	ش
ه	م	غ	ض	ا	ث	ب	ح	ئ	ا	ی	ز	ج	ک	آ
ا	ر	ض	ف	ب	ت	ز	ر	ص	ک	د	ر	ا	گ	ث
گ	ن	د	م	ر	ا	ز	ن	م	چ	ه	م	ی	و	ه
ح	ظ	ک	م	ه	ر	ئ	س	ی	و	ب	ع	ظ	و	ش
ب	د	ج	آ	ب	ئ	د	ا	ق	ژ	ی	ب	ع	ل	ض
خ	ئ	ش	پ	ث	چ	ش	ق	ف	ذ	ب	ئ	ح	ل	چ
آ	ز	ی	ي	ي	ی	و	ت	ز	ر	و	ا	ش	ک	گ
چ	ب	ر	ظ	پ	ز	ط	پ	چ	ت	ج	چ	غ	د	و
غ	خ	ی	س	ن	ل	چ	ض	ا	م	گ	چ	ج	ظ	س
ظ	ي	ت	ا	ن	ا	و	ی	ح	ن	ت	ب	غ	ض	ف
ج	ش	ر	ب	ر	و	ت	ک	ا	ر	ت	ی	گ	ح	ن
م	ذ	ح	ش	ا	ی	ح	م	س	و	ع	ط	ذ	ش	د

بره
کشاورز
اردک
حیوانات
غذا
انبار
میوه
باغ
گندم
آبیاری

لاما
شیر
ذرت
رسیده
غازها
جو
چوپان
گوسفند
چمنزار
تراکتور

39 - Verdure

ک	ن	گ	ر	ف	ر	ن	گ	ی	ق	ظ	خ	ذ	غ	س
ی	خ	ا	غ	ق	ک	ا	م	ز	ظ	ک	ث	ش	س	ی
ق	ن	ق	ج	ی	و	ه	ل	ب	ن	ت	و	د	ک	ب
س	خ	ئ	ژ	م	ک	ب	غ	چ	ح	ج	ی	ئ	گ	ز
ب	ت	ا	ی	ج	د	ن	ي	ش	ن	ر	ب	ر	م	م
م	و	س	ی	ر	ش	ا	ک	ق	ف	ح	ی	ی	خ	ی
ت	م	ی	ل	ک	و	ر	ب	م	ل	ک	ح	س	ل	ن
ش	ظ	گ	ط	ش	ل	غ	م	ي	ط	چ	ر	ا	ق	ی
ب	ا	ن	گ	و	ج	ه	ف	ر	ن	گ	ی	ل	ج	و
ظ	ح	ر	س	س	ط	آ	ذ	ز	ا	ی	پ	ا	ع	ل
ا	س	ف	ن	ا	ج	ئ	ي	ا	ب	ی	ذ	د	ف	ک
ي	ف	د	ب	پ	ط	آ	ق	ح	ط	ا	خ	ي	ر	ذ
غ	ر	و	چ	ر	س	ک	چ	ظ	چ	ف	ق	ش	ی	ئ
ن	ک	خ	ق	ط	ر	ذ	ن	آ	ل	آ	ل	د	ض	ن
خ	ف	ن	ت	ر	ب	چ	ه	ط	ش	ظ	ع	خ	ر	خ

سیر
کلم بروکلی
کنگر فرنگی
هویج
خیار
پیاز
قارچ
سالاد
بادمجان
سیب زمینی

نخود فرنگی
گوجه فرنگی
جعفری
شلغم
تربچه
موسیر
کرفس
اسفناج
زنجبیل
کدو تنبل

40 - Musica

ذ	ر	م	ط	ص	چ	ک	چ	م	ب	ت	ج	ل	ص	ج
ث	ا	ت	د	م	ژ	ل	ر	ل	ض	آ		گ	غ	ض
ت	ب	خ	ر	ي	ز	ا	ی	و	ب	ح	ذ	گ	ت	ط
ر	ر	ر	ر	ح	غ	س	ت	د	ط	م	غ	ط	ف	س
آ	ل	ا	ر	پ	ا	ی	م	ی	ژ	ت	ص	ن	ی	ف
ب	ل	ز	ن	د	ی	ک	ی	ن	و	ا	ز	ن	د	ه
چ	ح	ب	ث	ه	ش	ح	ک	گ	ر	و	ه	ک	ر	ح
ژ	ر	ا	و	م	ی	ک	ر	و	ف	و	ن	ض	ر	ن
خ	ی	ن	و	م	ر	ا	ه	ا	ر	م	و	ن	ی	ک
ز	ي	ث	ص	ث	ظ	پ	د	ن	ئ	ت	ج	ا	خ	ر
ئ	ف	ر	ث	آ	ي	د	ن	چ	ا	ی	ث	و	ن	م
م	و	ز	ی	ک	ا	ل	ن	ا	ط	ر	ظ	خ	ا	غ
ر	ض	ا	ف	ز	ص	ن	ا	ز	ع	ح	ع	ب	ع	ي
ی	ی	و	پ	غ	ز	ک	و	ص	ل	و	د	ا	ح	م
ص	د	آ	ب	ن	د	ن	خ	چ	م	و	چ	ن	ش	ئ

آلبوم
هارمونی
هارمونیک
تصنیف
خواننده
بخوان
کلاسیک
گروه کر
ترانه
ملودی

میکروفون
موزیکال
نوازنده
اپرا
شاعرانه
ضبط
ریتمیک
ریتم
ابزار
آواز

41 - Barbecue

م	ف	ج	ي	ط	و	ی	م	ی	و	ه	خ	ذ	ر	ح
ظ	ر	ف	آ	ت	ک	ر	ت	و	ع	د	آ	ت	ي	ت
ح	ر	غ	ن	م	ک	د	ي	ن	ذ	ا	ف	ی	ح	س
آ	و	ی	ب	ن	ن	ا	ه	ا	ر	و	ل	ب	ت	ص
ش	پ	خ	ج	س	غ	ض	گ	ر	ص	ن	ف	ل	ا	ب
ا	ی	ا	ل	س	خ	چ	ص	ص	ج	ا	ل	م	غ	س
م	ا	ف	ق	ژ	ف	ژ	س	ج	م	خ	خ	ز	ذ	ا
د	ز	ذ	ع	ي	ع	غ	ج	ش	گ	ر	ی	ل	ا	ل
د	گ	و	ج	ه	ف	ر	ن	گ	ی	ي	گ	ت	ا	ا
ع	ا	چ	ا	ق	و	غ	ت	ش	ج	آ	ن	ا	م	د
ر	ئ	غ	م	و	س	ی	ق	ی	م	ل	س	ب	ئ	ض
ت	ا	ج	ی	ز	ب	س	ي	ص	م	آ	ر	س	گ	ج
ب	ذ	ت	خ	و	ج	ض	ع	ت	گ	ت	گ	ت	پ	ح
د	و	ک	ق	گ	گ	ر	ک	ی	ن	س	ب	ا	د	و
ض	ل	و	ظ	ظ	گ	ي	ق	د	ئ	ئ	ش	ن	ي	ظ

سالاد
دعوت
موسیقی
فلفل
مرغ
گوجه فرنگی
ناهار
نمک
سس
سبزیجات

داغ
شام
غذا
پیاز
چاقو
تابستان
گرسنگی
خانواده
میوه
گریل

42 - Riempire

ک	ا	ر	ت	ن	ظ	ژ	ب	ح	ذ	ن	چ	ک	س	ف
غ	ظ	و	ک	ا	ع	چ	ث	ر	ط	غ	م	ش	و	د
ح	ت	ت	ا	و	ئ	د	غ	ذ	ظ	آ	د	ت	ث	چ
ک	و	ف	پ	ک	ی	س	ه	ب	ع	ج	ا	ی	ح	ي
ش	ذ	ض	ش	ج	ن	ب	ل	ک	ف	س	ن	ث	ح	ئ
و	چ	ظ	ه	ئ	ی	ج	و	ع	ش	ض	ا	ج	غ	ا
ب	گ	ض	ل	ي	س	ز	ل	ژ	ی	ب	ض	غ	س	ی
ب	غ	ع	ب	س	ت	ه	ج	ص	گ	ی	س	چ	آ	س
ک	ط	ش	ج	گ	ن	ن	ع	غ	چ	ج	ش	ث	ج	ب
س	س	ر	ژ	ل	ن	ذ	ظ	ز	خ	ث	ل	م	ی	د
پ	ز	ح	ی	د	پ	ف	ض	پ	و	ش	ه	ذ	س	ز
ط	ط	ض	چ	ا	ئ	خ	غ	ض	ژ	ي	ف	ز	ط	ئ
چ	ف	ح	ج	ن	ط	ي	ش	ظ	ذ	چ	ش	ي	ل	ب
ر	ط	ب	ح	آ	چ	ي	ب	چ	ش	ز	ف	ص	ث	پ
ذ	ط	ف	ا	آ	پ	س	ز	ف	ج	ا	ع	ا	خ	ا

حوضه
بشکه
کیسه
بطری
پاکت
پوشه
کارتن
کشو
سبد
کشتی

بسته
جعبه
سطل
جیب
لوله
چمدان
وان
گلدان
سینی

43 - Fisica

م	ز	ي	ه	گ	پ	ث	ث	ذ	ت	چ	ذ	گ	س	م
و	ث	ل	س	م	ن	ک	ط	ر	ز	ر	ط	ط	ر	غ
ل	ن	ح	ت	ت	و	ح	ئ	ه	ب	ذ	ا	ج	ع	ن
ک	ع	ج	ه	ا	ر	ت	ی	ب	س	ن	ش	ک	ت	ا
و	س	ص	ا	ک	ت	ی	و	ح	ل	ل	ط	ی	م	ط
ل	ذ	ذ	ی	د	ک	ض	و	ر	ل	پ	ع	ن	ش	ی
ظ	ی	ز	ل	ت	ل	ت	خ	ف	د	ش	ک	ا	ظ	س
د	ح	ی	ی	ن	ا	ه	ج	ف	ي	ئ	س	ک	ي	ن
ئ	ح	ئ	ا	ی	و	م	پ	ق	ز	س	خ	م	ک	ا
ج	ف	ط	ف	ی	ت	ا	غ	غ	ق	ت	خ	ت	خ	ک
ک	چ	ن	ر	گ	م	چ	ذ	ق	ي	م	ت	ص	پ	ر
ط	ذ	ي	م	چ	چ	ی	آ	آ	ت	خ	ط	ص	و	ف
ح	خ	ش	و	گ	ي	د	ش	ر	ت	س	گ	س	چ	ح
ت	ج	ت	ل	ا	ژ	خ	و	ژ	ژ	غ	ئ	ئ	آ	ث
ب	ج	ب	د	ز	ص	و	ب	ا	ت	ش	ج	غ	ق	ز

شتاب
اتم
آشوب
شیمیایی
تراکم
الکترون
گسترش
فرمول
فرکانس
گاز

جاذبه
مغناطیس
مکانیک
مولکول
موتور
هسته ای
ذره
نسبیت
جهانی
سرعت

44 - Agronomia

آ	ب	ظ	ش	ي	آ	ژ	ژ	ر	ف	ش	ق	ج	ص	ت
ف	و	ع	ب	چ	ل	ک	و	د	ک	آ	ی	ب	ر	ک
ر	م	ف	س	ا	ی	س	ی	گ	د	و	ل	آ	ج	ظ
س	ش	گ	چ	ز	ت	ع	ز	ب	ش	ت	ی	ئ	ئ	ط
ا	ن	غ	ذ	ا	ل	ع	ر	ح	ر	ی	ژ	ر	ن	ا
ی	ا	ش	ی	م	ي	خ	و	گ	ق	ک	ت	ق	ش	خ
ش	س	ی	س	ت	م	ط	ا	ل	ع	ه	و	ئ	ج	ا
د	ی	گ	گ	غ	ش	خ	ش	ط	ا	ن	ل	ج	ر	م
ی	ی	ا	س	ا	ن	ش	ک	ظ	ح	ا	ی	ع	ت	ض
ز	م	و	گ	ق	و	ف	ا	آ	ع	د	د	گ	ن	ل
د	ح	غ	ط	ذ	پ	ث	ی	ژ	ک	ا	خ	آ	ی	ي
ض	ی	ئ	ز	ژ	ص	ف	ج	ت	ص	ط	پ	خ	م	ط
ک	ط	و	ل	و	ل	ق	ج	ع	ر	ی	ت	و	ط	گ
ش	س	ه	ق	س	ل	غ	خ	ن	ف	ص	ک	خ	ز	و
ب	ش	ص	ز	ظ	و	ک	د	ن	ا	ث	ت	ن	ظ	د

آب
کشاورزی
محیط
غذا
رشد
بوم شناسی
انرژی
فرسایش
کود
شناسایی

آلودگی
آلی
تولید
پژوهش
روستایی
علم
دانه
سیستم
مطالعه
خاک

45 - Erboristeria

ی	ف	ح	ب	ز	ک	ذ	ج	خ	و	ژ	ت	ب	ع	ر
خ	ف	ن	س	ل	ص	ص	ع	ن	ع	ن	ا	ع	ا	ث
ن	ق	ی	ز	گ	ظ	ب	ف	ف	ل	ت	ژ	آ	ت	ص
ا	ب	گ	ئ	ظ	ج	ل	ر	ر	ز	م	ا	ر	ی	خ
ر	س	ژ	ص	ژ	ض	ي	ی	ر	ز	خ	ق	ی	ف	ض
ف	ج	ط	پ	و	ن	ه	ک	و	ه	ی	ض	س	ی	ق
ع	ا	ف	و	س	آ	و	ی	ش	ن	ر	ث	ئ	ک	ض
ز	ک	و	ظ	خ	ن	ث	و	گ	ث	ا	م	خ	د	ز
ق	گ	خ	ب	ت	و	و	ج	ز	ن	و	ج	ي	ن	ظ
غ	ن	ز	ا	ل	خ	د	ن	ز	س	ق	ي	ر	ب	ظ
ط	پ	ب	غ	ر	ر	ش	و	ژ	ء	ن	ج	ر	م	گ
ر	ی	ح	ا	ن	ت	ث	ف	س	گ	ک	م	ز	ط	چ
ر	ا	ز	ی	ا	ن	ه	ش	و	ی	د	ع	د	س	ض
آ	ش	پ	ز	ی	گ	ل	ا	ص	ژ	و	ط	ص	ب	ف
ز	ب	ق	ع	ج	ط	ط	ژ	آ	خ	ع	ر	م	ز	ظ

سیر
شوید
معطر
ریحان
آشپزی
ترخون
رازیانه
گل
باغ
جزء

اسطوخودوس
مرجان
نعناع
پونه کوهی
جعفری
کیفیت
رزماری
آویشن
سبز
زعفران

46 - Danza

ش	آ	ی	ک	ث	چ	ج	ز	ض	آ	ذ	ذ	ظ	ل	ي
و	س	ح	ل	ر	ع	ف	ش	ب	ل	ص	ا	خ	ئ	ب
خ	ع	ک	ا	س	ر	ژ	ن	ر	ل	د	ه	ن	ر	ي
آ	ش	ق	س	ی	س	ز	ش	ب	ن	ج	م	ژ	ل	ص
ک	ط	ت	ی	ع	ض	و	ا	ظ	ش	ع	ط	ق	ژ	ک
ا	گ	و	ک	ت	ی	ج	د	آ	ر	ژ	ا	م	ح	ع
د	ت	ذ	ب	ص	ن	آ	ز	آ	ی	ئ	ح	ت	ر	ت
م	چ	ژ	ی	ق	ی	س	و	م	ک	ذ	س	ا	پ	ک
ی	گ	ذ	پ	ر	ش	ي	ا	ت	د	ژ	ا	ش	پ	ط
ف	ر	ه	ن	گ	ي	ظ	ي	ی	ظ	پ	س	خ	پ	ر
ب	گ	ر	و	ق	ر	ئ	ف	ر	ر	ژ	ا	چ	ر	ن
ع	د	پ	ذ	ب	چ	ق	ص	پ	پ	ص	ت	آ	ش	م
ی	گ	ن	ه	ر	ف	گ	ر	ی	س	ا	ب	م	ث	و
چ	چ	س	ی	ب	ذ	و	س	آ	خ	آ	ي	ظ	ژ	ی
ت	م	ر	ی	ن	غ	و	گ	م	ب	ن	س	ا	ر	ئ

آکادمی
هنر
کلاسیک
شریک
رقص
بدن
فرهنگ
فرهنگی
احساسات
رسا

شاد
گریس
جنبش
موسیقی
وضعیت
تمرین
ریتم
پرش
سنتی
بصری

47 - Biologia

س ک ت س ز ت ن س و ت ف ک ا ن ه
ل ر ک ر ا د ن ا ت س پ س ن ح و
و و ا ز ن ج ه ش ئ ذ م پ غ چ ر
ل م م ص ش ش م ح ا ز ئ ا ب ج م
ر و ل ح ئ س ز ج چ ب ت ن ر ف و
ج ز ع م ت پ ی ع م ا ط ی ف ج ن
ا و م ن ع ع س ئ ي ک ط س ح ی و
آ م ج ع ی ن ت ف و ت ت ر ر ف ر
ن ف ص ب ک ی ی ص پ ر د آ گ ی و
ا ب ط ي ط ض خ پ ر ی و گ ز ض ن
ت ن ف ط ح ی س ض و ن ه ص ن ش ق
و و ذ ط م گ ژ ع ت ش د ط م ک ئ
م غ ف م ی ز ن آ ئ ژ ن ژ ا ل ک
ی ض م ف ص ل م ش ی ز ز گ ض ج ث
ا س ث ط ت ج ن ی ن ر خ ش ن ص ق

آناتومی
باکتری
سلول
کلاژن
کروموزوم
جنین
آنزیم
تکامل
فتوسنتز
پستاندار

جهش
طبیعی
عصب
نورون
هورمون
اسمز
پروتئین
خزنده
همزیستی
سیناپس

48 - Attività Commerciale

پ	ی	ا	ب	ت	ی	د	م	ب	گ	ز	گ	ژ	آ	ئ
ع	و	ب	و	د	ج	ه	ع	ش	ن	ئ	ر	ر	ص	ف
ف	ی	ف	خ	ت	و	ن	ا	آ	ژ	س	ت	ش	ز	و
گ	ر	ئ	غ	ظ	ط	س	م	چ	ط	ی	ص	ت	چ	د
ب	ت	و	ذ	آ	ع	خ	ل	د	چ	ئ	ع	ژ	س	ک
ئ	ف	ی	ش	و	ر	ف	ه	ن	ی	ز	ه	ح	ط	م
پ	د	ظ	پ	گ	ک	ا	ل	ا	چ	ظ	ف	ي	ف	ا
ل	و	پ	د	ح	ا	و	ش	ت	ع	ن	ر	ذ	ئ	ی
ق	م	ل	ق	ي	غ	ه	ر	ج	ف	ئ	ح	ذ	آ	آ
ج	ز	ر	غ	س	د	ي	ک	ج	ی	ث	چ	ش	چ	ف
ک	ا	ر	ف	ر	م	ا	ت	ج	غ	ج	ج	چ	ج	ت
م	ف	چ	ق	ل	آ	ک	ا	ر	خ	ا	ن	ه	ط	ژ
و	ت	ط	ک	ا	ر	م	ن	د	ا	ص	ت	ق	ا	ر
ت	غ	ت	ت	د	د	م	ا	ل	ی	ج	ز	ظ	ل	ج
س	ر	م	ا	ی	ه	گ	ذ	ا	ر	ی	غ	ئ	پ	ئ

بودجه
حرفه
هزینه
کارفرما
کارمند
اقتصاد
کارخانه
مالی
سرمایه گذاری
کالا

فروشگاه
سود
درآمد
تخفیف
شرکت
پول
معامله
دفتر
واحد پول
فروش

49 - Ecologia

ا	ا	ذ	ت	گ	ف	گ	چ	و	ژ	ج	ئ	ط	ب	خ
ل	ق	د	ض	و	ژ	ی	ي	ک	ک	و	ي	ب	پ	ف
ن	ن	ل	پ	ف	ث	غ	غ	ژ	ز	ا	ذ	ی	ر	ج
غ	ق	ف	ی	ج	ه	ا	ن	ی	خ	م	د	ع	ش	ذ
غ	غ	غ	ظ	م	م	ا	ر	ش	ش	ع	د	ت	ز	ن
ز	ی	س	ت	گ	ا	ه	ش	پ	ک	ت	ر	گ	ن	ت
ط	پ	ن	ن	ک	ی	ص	ت	ف	س	ط	ی	ا	د	ئ
ش	ص	ا	س	و	ت	د	ا	ن	ا	ه	ا	ی	گ	م
ف	ب	ر	ی	ط	ب	ی	ع	ی	ل	ل	ی	ز	ی	ش
غ	ص	و	آ	د	ق	ب	ث	ب	ی	ذ	ی	ح	گ	ظ
پ	ص	ن	ک	م	ا	ب	ع	م	ا	پ	ص	د	ی	ن
ر	آ	ا	ع	ت	ک	ر	و	ل	ف	ن	ث	ب	ا	ج
ئ	غ	ج	ع	ت	ظ	ع	ن	م	ذ	ج	م	ق	ه	آ
ذ	آ	غ	ط	ص	ل	ظ	ت	ت	ي	ر	ژ	ا	ی	ي
د	ا	و	ط	ل	ب	ا	ن	ض	ي	ج	ع	ض	ی	چ

اقلیم
جوامع
تنوع
جانوران
فلور
جهانی
زیستگاه
دریایی
طبیعت

طبیعی
مارش
گیاهان
منابع
خشکسالی
بقا
پایدار
زندگی گیاهی
داوطلبان

50 - Discipline Scientifiche

ز	ه	و	ا	ش	ن	ا	س	ی	م	و	ت	ا	ن	آ
م	ا	ج	ا	ن	و	ر	ش	ن	ا	س	ی	پ	ظ	ي
ی	ع	ز	ب	ا	ن	ش	ن	ا	س	ی	ت	چ	ن	آ
ن	ص	د	ز	ت	ی	ژ	و	ل	و	ی	ز	ی	ف	ذ
ش	ا	ض	آ	ی	س	ا	ن	ش	ن	ا	ت	س	ا	ب
ن	ب	پ	ی	س	ا	ن	ش	ت	س	ی	ز	ا	آ	پ
ا	ک	ی	م	ا	ن	ی	د	و	م	ر	ت	ن	ا	ک
س	ی	ز	ض	ن	ش	ت	چ	ک	خ	و	ا	ش	ي	آ
ی	ل	ذ	ق	ش	ه	ی	ب	ی	و	ش	ی	م	ی	غ
ل	ج	ک	ی	ن	ا	ک	م	و	ج	ن	ب	و	پ	غ
س	گ	ث	ذ	ا	ی	د	ب	ی	ک	ا	ت	ب	غ	س
ن	ئ	ت	خ	و	گ	گ	ض	ل	ژ	ح	ق	س	ک	ح
آ	د	ز	ک	ر	ج	ا	م	ع	ه	ش	ن	ا	س	ی
ن	ک	ا	ن	ی	ش	ن	ا	س	ی	ش	ش	م	ث	غ
ض	ض	ز	ت	ا	ی	م	و	ن	و	ل	و	ژ	ی	آ

آناتومی
باستان شناسی
نجوم
بیوشیمی
زیست شناسی
گیاه شناسی
شیمی
بوم شناسی
فیزیولوژی
زمین شناسی

ایمونولوژی
زبانشناسی
مکانیک
هواشناسی
کانی شناسی
اعصاب
روانشناسی
جامعه شناسی
ترمودینامیک
جانورشناسی

51 - Scienza

ض	ف	چ	ژ	ث	ک	ض	ه	ب	ذ	ا	ج	م	ئ	د
ی	ر	ح	ض	ص	ی	ی	ا	ی	م	ی	ش	و	ن	ا
ب	ض	ب	د	و	ع	ک	گ	ن	ت	ن	ئ	ل	ط	ن
پ	ی	ت	ف	ل	خ	ک	ش	ش	ق	د	غ	ک	ب	ش
ل	ه	ف	ش	ش	ف	س	ی	ل	ی	ع	ض	و	م	م
ز	م	ل	ط	ر	ت	ث	ا	م	ق	م	خ	ل	ث	ن
ص	ص	م	ب	ئ	آ	ق	م	ا	ح	د	م	ه	ف	د
ج	ئ	ت	ی	و	ط	ه	ز	ک	د	ا	ش	ا	ی	آ
ژ	ئ	ا	ع	ل	ز	د	آ	ت	ج	و	ن	ش	ز	ن
ط	ص	ذ	ت	ئ	ق	ه	ذ	م	ا	م	ض	ل	ی	ذ
ژ	خ	ح	غ	ه	د	ا	د	ک	ش	آ	ض	ب	ک	ر
ت	گ	ئ	م	د	ئ	ش	ی	ا	م	ز	آ	ت	م	ا
ب	و	س	ش	آ	چ	م	ر	د	م	ف	آ	ر	ث	ت
ا	ر	گ	ا	ن	ی	س	م	ا	پ	ی	ح	ح	و	ذ
ع	ذ	ا	ز	گ	ی	خ	ت	ل	ن	ص	غ	ي	ظ	ش

اتم
شیمیایی
اقلیم
داده
آزمایش
تکامل
حقیقت
فیزیک
فسیلی
جاذبه

فرضیه
آزمایشگاه
روش
مواد معدنی
مولکول ها
طبیعت
ارگانیسم
مشاهده
ذرات
دانشمند

52 - Boxe

ز	و	ر	ا	ک	پ	چ	ف	ع	خ	ف	ع	ي	و	ف
ش	ص	گ	ب	ث	غ	م	ئ	ب	خ	گ	ش	ج	ث	ذ
ب	غ	م	ک	ی	ی	پ	ت	م	پ	ا	ئ	ي	ی	ت
ف	گ	و	چ	ح	ض	ق	گ	ن	ي	گ	خ	چ	ص	ئ
ذ	س	چ	ن	ف	ر	ک	ط	ن	ا	ب	ق	ض	ح	د
چ	ر	و	ا	د	ر	پ	ل	د	م	چ	ذ	پ	آ	گ
ف	ی	ر	ح	ن	س	خ	ی	ب	ا	ی	ز	ا	ب	ف
ف	ع	آ	م	ض	ه	ت	س	خ	ف	پ	ژ	پ	ظ	د
ر	ط	س	ش	ظ	ض	ز	ک	ر	م	ت	ش	ژ	خ	ت
م	ا	ک	ح	ت	س	ا	غ	ش	ت	ف	د	ش	ر	ا
ص	ه	د	ن	گ	ن	ج	ن	ر	آ	ن	ا	ث	و	خ
ئ	ش	ا	ج	غ	ظ	غ	ک	م	ل	گ	د	ز	د	ن
چ	و	غ	ر	ج	ق	ث	ب	ح	ب	ج	ل	ض	ذ	ح
ج	گ	ز	ب	ت	ش	م	ئ	آ	ظ	م	ذ	ت	غ	ي
ط	ق	ح	ا	ب	ي	پ	ع	ع	ط	ق	ن	ف	غ	غ

مهارت
گوشه
داور
حریف
لگد زدن
بل
جنگنده
طناب
بدن

خسته
استحکام
تمرکز
آرنج
دستکش
چانه
مشت
سریع
بازیابی

53 - Imbarcazioni

ی	ظ	ج	ل	ص	ا	ا	ذ	د	ح	ش	ا	پ	چ	ي
ن	ض	س	ث	ب	س	غ	گ	ر	گ	ن	ل	م	ط	ف
ا	ش	ن	گ	د	ک	ن	ح	ی	و	ج	غ	ئ	ط	ذ
ر	م	چ	ط	ر	ل	ذ	ط	ر	ا	د	ع	ج	ب	ز
ق	چ	و	و	ی	ه	ل	ژ	ک	ق	س	خ	ا	ژ	ض
ی	پ	ف	ا	ا	ط	ن	ا	ب	ا	ض	ش	ا	ص	ح
ا	ف	ر	ض	ج	د	ر	ی	ا	ی	ی	ن	ا	ن	ظ
ق	ئ	ی	ن	ی	م	ا	م	ب	پ	ا	ا	ل	ذ	ه
ی	م	ی	ق	ن	و	ش	پ	ز	آ	خ	و	ک	س	ک
ا	ر	گ	ظ	و	ر	ش	ع	ز	ظ	ز	ر	ث	و	ذ
ق	ژ	ن	ن	ت	ز	س	ر	ق	م	ل	و	ا	ن	خ
ل	خ	د	م	ه	ج	ئ	ض	ر	ذ	ک	ت	ض	ا	ظ
د	ر	ی	ا	چ	ه	ر	ث	م	ی	د	و	پ	ی	گ
ق	ا	ی	ق	ب	ا	د	ب	ا	ن	ی	م	ی	ق	ئ
د	غ	ب	و	ق	ت	ي	د	غ	ی	ف	گ	ئ	ا	ک

دکل
لنگر
شناور
قایق رانی
طناب
اسکله
خدمه
رودخانه
کایاک
دریاچه

دریا
جزر و مد
ملوان
موتور
دریایی
اقیانوس
امواج
فری
قایق بادبانی
قایق

54 - Chimica

ق	ص	ذ	ا	ع	ط	ث	ه	ی	د	ر	و	ژ	ن	ث
ل	ذ	ح	ب	ک	ث	و	ط	ن	ز	ی	ن	ض	ز	ا
ی	ح	م	ن	ذ	س	ق	س	ع	ب	ل	م	ژ	و	ع
ا	ج	ئ	ز	ب	ی	ی	ل	آ	س	ژ	ک	ي	و	ت
ی	ژ	ي	آ	ی	و	ف	ژ	ک	ث	ز	س	م	ظ	ر
ی	پ	ش	ژ	آ	ن	ا	ط	ن	و	ر	ت	ک	ل	ا
ط	آ	ظ	ي	س	ب	ث	پ	ئ	ع	و	ر	ش	ت	ر
ش	ق	ن	ل	ص	ر	س	و	و	چ	ز	ا	گ	ل	ح
ع	ا	پ	ز	ق	ک	ق	ض	آ	ن	ی	ر	ن	خ	ه
د	آ	ت	م	ی	ق	آ	م	ش	ی	ل	ح	ف	پ	ج
ژ	خ	ض	ا	و	م	ص	ا	ا	ع	ا	ص	ع	م	ر
ظ	ب	خ	ع	ف	ل	ش	ی	س	ع	ت	ذ	ب	س	د
ه	س	ت	ه	ا	ی	ک	ع	ی	ب	ا	ب	ن	ث	ش
ر	ت	ق	ق	ف	ر	ظ	و	د	ک	ک	و	گ	ي	د
ا	ت	م	ی	ک	ک	ل	ر	ل	ف	ض	ص	ا	ح	ب

اسید
قلیایی
اتمی
حرارت
کربن
کاتالیزور
کلر
الکترون
آنزیم
گاز

هیدروژن
یون
مایع
مولکول
هسته ای
آلی
اکسیژن
وزن
نمک
درجه حرارت

55 - Api

ژ	ط	ه	ز	ل	ص	ب	ذ	ط	گ	و	خ	ي	ک	ذ
ج	ت	د	ی	ف	م	س	ا	و	ی	ث	ل	ل	ع	ي
غ	ث	ر	س	خ	ف	ث	ذ	ل	ا	ظ	م	گ	ل	و
ه	ا	گ	ت	س	ی	ز	غ	ي	ه	م	ی	ذ	و	ش
ک	آ	ب	ب	م	ش	ص	پ	گ	ا	د	و	ع	چ	خ
ط	ک	د	و	د	ل	ل	ژ	ژ	ن	آ	ه	س	ف	ر
م	و	م	م	د	ع	ک	غ	غ	پ	پ	آ	ل	ل	ش
ر	ذ	ت	ث	آ	ط	ز	ه	ر	ش	ح	خ	ا	ف	ي
ش	ث	ن	ش	ئ	ظ	ج	ف	ع	گ	ي	و	ض	چ	ئ
ر	ص	و	و	ش	ح	ش	و	ع	ا	ي	ر	ب	ا	ئ
ن	ج	ع	ژ	ح	چ	ي	ک	ث	ذ	ف	ش	چ	ز	ي
ل	ع	ط	و	پ	ژ	ب	ش	ي	گ	چ	ی	ک	د	م
ط	ث	پ	د	ی	ي	ژ	ع	ي	ف	ی	د	ن	ح	ل
گ	م	ئ	ض	ت	س	ي	ت	ئ	ث	ص	ن	د	ا	غ
ض	ک	ر	ی	ش	ف	ک	ي	ا	چ	ژ	ز	و	م	ب

بال
کندو
مفید
موم
غذا
تنوع
زیست بوم
شکوفه
میوه
دود

باغ
زیستگاه
حشره
عسل
گیاهان
گرده
ملکه
ازدحام
خورشید

56 - Conservazione

ح	ج	م	ى	ل	ق	ا	ط	ر	ف	ب	غ	ذ	ز	ا
ظ	ف	و	ب	ک	ف	ى	ق	ذ	پ	ع	گ	گ	ک	آ
ز	ض	ب	و	ف	ر	ذ	ذ	ج	ز	س	ح	ز	ژ	ج
غ	ى	ت	م	ا	ل	س	ظ	ت	ژ	ظ	ش	ى	آ	د
ح	ع	س	ک	آ	ى	ک	ل	ر	ى	پ	ت	آ	ق	ا
د	ى	ى	ت	ب	ع	ز	ق	ب	ت	ف	ئ	د	ن	و
خ	ب	ز	خ	گ	آ	ل	و	د	گ	ى	ل	آ	ذ	ط
ا	ط	ز	چ	ض	ا	ن	گ	ر	ا	ن	ى	ل	ل	ل
ز	آ	ا	ث	ع	ت	ه	ر	چ	ا	چ	ر	خ	ه	ب
ت	غ	ى	ى	ر	ا	ت	ک	و	گ	د	ز	ن	ت	ا
ا	ب	و	ط	ع	ل	ر	ذ	آ	ط	ظ	ى	آ	آ	ق
س	ب	ز	ى	ل	ى	ب	ق	ل	ف	و	ق	ا	ن	ت
ع	م	آ	ح	ر	ص	ا	ب	ا	ش	ت	ث	د	پ	و
ژ	ث	ز	م	ج	ح	ش	و	ي	ئ	ب	ک	د	ر	آ
ث	س	غ	ي	ئ	ت	ف	ا	ى	ز	ا	ب	ش	د	ا

آب
محیطی
تغییرات
چرخه
اقلیم
زیست بوم
تحصیلات
زیستگاه
آلودگی

طبیعی
آلی
آفت کش
نگرانی
بازیافت
سلامتی
پایدار
سبز
داوطلب

57 - Professioni #2

ج	ت	ز	پ	د	ا	د	ص	ق	پ	ت	خ	ب	خ	ف
ذ	ص	ض	ی	د	ر	و	ن	ا	ض	ف	ل	ا	ب	ض
ن	و	ث	ظ	س	ب	ژ	ف	د	ع	خ	ب	غ	ر	ي
ج	ی	م	ق	ق	ت	ئ	ص	ئ	ا	خ	ا	ب	ن	ب
ب	ر	ص	ق	ض	ب	ش	ع	ض	ب	ن	ن	ا	گ	م
ل	گ	و	ح	ا	ر	ج	ن	ث	خ	م	پ	ن	ا	ع
ز	ر	پ	م	ه	ن	د	س	ا	ک	ع	ظ	ز	ر	ل
پ	ب	ش	خ	ص	ل	ل	غ	ذ	س	ج	ف	ژ	ش	م
ض	ف	ا	ف	ث	ک	ث	ش	ه	ا	گ	ا	ر	ا	ک
غ	خ	ز	ن	پ	ث	س	پ	ت	س	ر	ر	ا	ق	ش
ع	ر	ق	آ	ش	ض	ث	ض	ت	ف	ط	ش	د	ن	ز
ي	ض	ح	ض	غ	ن	ک	ظ	ب	ی	ر	ث	ب	ا	پ
خ	و	ن	ث	ج	س	ا	ن	ش	ر	و	ن	ا	ج	س
ف	ی	ل	س	و	ف	ت	س	ژ	ط	ع	ر	ت	خ	م
ک	گ	ش	ج	ب	ی	ت	ف	ی	ع	ث	ض	ک	ژ	ط

فضانورد
کتابدار
زیست شناس
جراح
دندانپزشک
کاراگاه
فیلسوف
عکاس
باغبان
خبرنگار

تصویرگر
مهندس
معلم
مخترع
زبانشناس
پزشک
خلبان
نقاش
محقق
جانورشناس

58 - Letteratura

گ	ض	ا	ب	ق	ط	ظ	ژ	ی	ر	چ	گ	ي	ن	ظ
پ	ش	ل	ع	خ	د	ی	و	آ	ث	ش	ي	ئ	و	ر
ص	ش	ط	ص	ت	ن	د	آ	ذ	ل	ج	ش	ل	ی	ض
ض	ن	غ	ح	ظ	و	ز	ق	گ	م	ز	س	ص	س	م
آ	ی	ا	ئ	م	گ	ز	چ	ا	ق	ز	غ	ش	ن	ب
ت	خ	ر	غ	ت	ت	ل	ش	س	ا	ی	ق	ژ	د	ف
ص	ل	د	گ	گ	ف	ی	ع	ت	ط	د	د	ق	ه	ظ
ح	ی	ق	س	چ	گ	ل	ر	ع	ا	ژ	ص	پ	ا	ح
ر	ک	ن	ع	ه	آ	ح	و	ا	ش	ا	م	ی	آ	ذ
ش	گ	ا	گ	ج	ه	ت	ذ	ر	ا	ر	ج	ی	ت	ژ
ر	م	م	ی	ی	س	ل	پ	ه	ا	ت	ژ	ي	خ	ج
ا	س	ر	ر	ت	ی	ف	ا	ر	گ	و	ی	ب	غ	غ
د	ی	ب	ه	ن	ا	ر	ع	ا	ش	ق	ا	ف	ی	ه
ر	د	ص	ک	ظ	ق	ج	ذ	ث	س	ح	پ	ر	ذ	ث
ق	ح	ر	ک	ر	م	ث	ک	ث	آ	ت	ی	ظ	خ	ی

تحلیل
قیاس
حکایت
نویسنده
بیوگرافی
نتیجه
مقایسه
نقد
شرح
گفتگو

استعاره
نظر
شعر
شاعرانه
قافیه
ریتم
رمان
سبک
تم
تراژدی

59 - Cibo #2

ج	ق	م	ژ	و	ب	ف	ل	ی	و	ی	ک	ع	ث	ز
ل	ن	ل	ت	ا	ر	ز	ن	ه	ی	م	ز	م	ر	غ
ض	ب	ظ	ظ	م	ن	ا	و	ا	گ	ی	ف	ش	ئ	ا
ز	پ	س	ی	ئ	ج	ک	ب	م	ن	م	پ	س	ث	ن
ی	ض	ذ	ژ	ن	چ	ب	م	د	ر	ط	ق	ا	ق	ي
ذ	ت	م	ا	س	ت	ا	ا	ن	ف	ی	چ	ش	ا	ظ
پ	ا	ی	ظ	غ	ص	پ	ژ	گ	ه	ث	ن	ق	ر	ن
ک	ل	م	ب	ر	و	ک	ل	ی	ج	ط	ی	پ	چ	م
ي	ک	ض	پ	ئ	غ	و	س	ث	و	ت	گ	ن	ظ	م
ز	ش	ئ	د	س	ی	ب	ث	غ	گ	م	ی	و	ن	پ
ک	ر	ف	س	ن	ر	ي	ی	غ	ق	و	ل	ئ	چ	ض
م	ذ	و	غ	ط	ن	ظ	ش	ظ	ل	ز	ا	ی	ب	غ
ج	ذ	ث	گ	ب	ا	د	م	ج	ا	ن	س	س	و	ف
غ	ض	ث	چ	ن	خ	ق	چ	ژ	و	ئ	ی	گ	ا	خ
ق	ی	ي	ج	ن	ا	ب	پ	ت	خ	م	م	ر	غ	ع

موز
کلم بروکلی
گیلاس
شکلات
پنیر
قارچ
گندم
کیوی
سیب
بادمجان

نان
ماهی
مرغ
گوجه فرنگی
ژامبون
برنج
کرفس
تخم مرغ
انگور
ماست

60 - Nutrizione

ر	ی	م	خ	ت	ی	ف	ی	ک	ي	و	گ	غ	خ	ک
ق	ژ	س	ق	ئ	د	ژ	ک	آ	گ	پ	و	ي	و	ر
س	ن	ی	ی	ت	و	ر	پ	ه	ض	م	و	س	ر	ب
پ	و	ذ	م	ی	ث	ت	ص	ژ	ا	چ	ذ	ج	ا	و
م	ع	غ	چ	غ	و	ز	ن	ل	ث	د	ذ	د	ک	ه
آ	آ	م	ج	ب	ذ	ف	ي	ف	خ	س	و	ف	ی	ی
ز	ف	د	ظ	ک	ک	ا	ش	پ	س	ض	ذ	ی	ص	د
ي	د	ا	ژ	ج	ا	و	ی	ظ	پ	م	چ	م	ه	ر
گ	ش	و	گ	و	ل	ی	پ	ی	ج	ي	ض	ا	پ	ا
ج	ی	م	گ	ظ	ر	س	س	ص	خ	ص	ئ	ی	ض	ت
ق	ش	ح	و	پ	ی	س	ن	ب	ل	د	ا	ع	ت	م
ن	ظ	ث	چ	س	س	ل	ا	م	ت	ی	م	ا	آ	ح
ظ	ع	ص	م	د	ا	خ	ژ	ث	گ	ب	ش	ت	ف	پ
ذ	ش	ز	پ	خ	ث	ل	و	ی	ت	ا	م	ی	ن	ح
ش	ل	ا	ش	ت	ه	ا	م	ط	ر	ث	گ	ذ	ي	ظ

تلخ
اشتها
متعادل
کالری
کربوهیدرات
خوراکی
رژیم غذایی
هضم
تخمیر
مایعات

مواد مغذی
وزن
پروتیین
کیفیت
سس
سلامتی
سالم
ادویه
سم
ویتامین

61 - Matematica

غ	ع	م	و	د	ئ	ت	ک	ئ	ي	ز	ی	ژ	ب	ا
ذ	ب	س	ي	ص	ع	ش	غ	ج	ص	ی	ذ	ض	آ	ذ
ز	ر	ت	ض	آ	ح	ظ	پ	چ	ي	ع	ژ	ب	غ	ص
ق	م	ط	ص	ک	ت	ک	ي	ذ	ه	ل	د	ا	ع	م
م	ص	ی	ک	ج	ف	س	خ	ژ	ح	ض	گ	س	آ	ط
م	ث	ل	ث	د	و	ر	و	ا	ب	د	چ	ح	ف	غ
ف	ش	ه	ی	و	ا	ز	م	ع	خ	ن	ش	ز	ظ	ل
خ	ک	م	ض	ض	ه	ن	ا	ش	ش	چ	ر	ژ	ج	ث
چ	ض	ب	چ	ن	ذ	ر	ذ	ا	ن	ی	ی	م	ق	م
ژ	ژ	آ	د	پ	و	ا	ئ	ر	خ	گ	ع	ر	ط	ق
ح	ط	س	ق	ظ	و	ق	ج	ی	ی	غ	ع	ا	ع	ش
ش	ه	ئ	ص	ط	ت	ت	ز	ز	ق	ح	ئ	ل	خ	ي
گ	چ	ل	ض	ح	ا	گ	خ	ا	خ	ط	ع	ژ	ق	چ
ک	آ	ئ	غ	ذ	س	چ	و	و	غ	ج	ط	ی	ح	م
ش	م	ا	ف	س	ئ	ئ	ظ	م	خ	گ	ض	ی	ث	ص

زاویه
حساب
دور
اعشاری
قطر
بخش
معادله
نما
کسر
هندسه

موازی
محیط
عمود
چند ضلعی
مربع
شعاع
مستطیل
تقارن
جمع
مثلث

62 - Meditazione

پ	ص	ل	ح	ر	ح	ل	گ	ق	ب	و	ز	ج	پ	ژ
ذ	چ	ک	ذ	و	آ	ئ	ژ	د	ب	ک	ث	آ	ذ	ب
ی	ل	ک	ه	ف	ض	ل	چ	ر	ط	ب	ی	ع	ت	ي
ر	ف	ظ	ن	ه	ذ	و	ش	د	ج	ن	ب	ش	ق	ی
ش	خ	آ	ی	د	غ	ي	م	ا	ي	ض	ب	پ	ف	آ
ا	ل	ئ	ح	ه	ل	گ	ا	ن	ع	ا	ظ	چ	ش	ي
و	ک	ض	گ	ا	ج	ف	ن	ی	م	و	س	ی	ق	ی
پ	و	ل	ک	ش	غ	ت	د	و	آ	ز	غ	م	ر	پ
س	ط	ع	ق	م	پ	و	ا	آ	ر	ا	م	ب	ژ	ش
ا	ف	ک	ا	ر	ح	ج	ز	خ	ث	ئ	ي	ف	ی	ی
ئ	غ	ن	ز	ئ	م	ه	س	ژ	و	چ	ت	غ	غ	غ
ت	ن	و	ت	ی	ع	ض	و	ل	خ	ض	ع	ض	ب	س
آ	ژ	خ	ض	س	م	ه	ر	ب	ا	ن	ی	پ	آ	ی
ا	ح	س	ا	س	ا	ت	و	ک	س	ت	ص	د	ض	ي
ع	س	ی	چ	ض	ب	و	ا	ي	ص	ا	ج	د	د	ط

پذيرش
توجه
آرام
وضوح
شفقت
احساسات
مهربانی
قدردانی
ذهنی
ذهن
جنبش
موسيقی
طبيعت
مشاهده
صلح
افکار
وضعيت
چشم انداز
تنفس
سکوت

63 - Elettricità

ر	ا	ک	ق	ر	ب	ط	ژ	ث	س	ط	ن	آ	ث	آ
ع	آ	ي	ز	ز	ح	م	ن	ف	ی	ب	ن	ه	چ	م
ب	ث	ی	م	ق	د	ا	ر	ث	ئ	ذ	و	ن	آ	ث
ژ	ل	م	ن	ف	ل	ت	ا	ز	ض	ف	ی	ر	آ	ب
ه	ک	ب	ش	ی	م	م	ت	و	ئ	د	ز	ب	ش	ت
د	ی	ج	ط	ز	د	ک	و	آ	ا	ش	ی	ا	ء	ا
ص	ی	ث	ک	ا	و	ت	ر	ي	ب	ج	و	ث	ث	ز
ط	ت	ا	خ	س	خ	ض	ی	ق	چ	ت	ل	د	ص	ی
ن	ب	گ	م	ه	ن	و	ژ	ف	س	ص	ت	ص	ز	ه
ل	ا	پ	ئ	ر	ث	ث	د	ز	پ	م	ا	ل	ل	ج
ب	ا	ت	ر	ی	ق	ر	ب	ث	ک	ز	ل	غ	ذ	ت
ب	گ	ش	و	خ	چ	ص	ب	ا	آ	چ	ل	ح	خ	آ
ج	ق	ث	ی	ذ	ق	ق	ذ	س	ی	ل	چ	خ	ش	ف
ی	ش	م	و	گ	ک	ظ	پ	ن	س	م	چ	د	م	ب
گ	م	ا	ج	ع	ص	ک	ئ	ا	ع	ط	و	ص	د	غ

آهن ربا
منفی
اشیاء
مثبت
سوکت
مقدار
شبکه
تلفن
تلویزیون

تجهیزات
باتری
کابل
ذخیره سازی
برقکار
برقی
ژنراتور
لامپ
لیزر

64 - Antiquariato

ط	و	ض	و	ژ	ص	ن	ک	ی	ف	ی	ت	ض	ت	ز
غ	ح	ص	ص	ث	ژ	ت	ض	ف	ق	ر	ن	ح	ز	ی
ق	ی	ر	ل	ا	گ	ث	ذ	ص	م	ن	ذ	آ	ئ	ب
ی	ق	ل	و	ر	ه	ک	س	ی	ئ	ه	ح	ت	ي	ا
م	ج	ش	م	ظ	چ	ی	م	م	ب	ل	م	ا	ن	ف
ت	خ	ل	ع	ق	ش	ل	ف	ع	ب	ی	گ	و	ي	ذ
چ	ط	د	م	ی	ر	ا	ذ	گ	ه	ی	ا	م	ر	س
ط	گ	ب	ر	ب	آ	ی	پ	گ	ک	ط	ي	ص	ن	ر
ر	و	ر	ی	ج	م	د	ق	ض	ط	ر	گ	س	ژ	ئ
ق	ا	ق	غ	ئ	ض	ب	ئ	ذ	و	ر	ژ	ت	خ	خ
د	ر	گ	س	و	م	ی	ز	ا	س	ه	م	س	ج	م
ی	ز	ط	ض	و	غ	آ	س	آ	غ	ف	ص	س	ا	ت
م	ش	ع	ر	ئ	چ	ا	ث	ا	م	ع	ت	ب	ر	ص
ی	ی	د	ی	غ	و	ق	غ	ژ	ش	ر	س	ک	ح	ک
ت	ذ	ا	م	ف	گ	ز	د	چ	ق	ب	د	ف	ل	آ

هنر
مورد
حراج
معتبر
وضعیت
تزئیني
زیبا
گالری
غیر معمول
سرمایه گذاری

مبلمان
سکه
قیمت
کیفیت
ترمیم
مجسمه سازی
قرن
سبک
ارزش
قدیمی

65 - Professioni #1

ف ه ذ ر ع ط ض ز س ق ج د ج ا ظ
ی ن د ت و ل م ف ف ش ک ه ل و ل
ن ر ن ب و ی ر ا ی ش گ ر ر ئ گ
غ م ب ا ن ک د ا ر د م ص ه ع ذ
ی ن پ ش چ و س ا ن ش ه ر ا ت س
آ د ن ی خ ذ گ ف ط و غ ذ و ر ل
ئ ا ف ک پ ر ق ص ن د ه گ ج ن د
س ر ی ش ط گ ب د ا ر و س ا ز ئ
ع ص ف ز و ص ز ن ن ش ک ا ر چ ی
و پ ظ پ ئ ن ش و ت س ی ن ا ی پ
ت ح ک م ث م ا ی ذ ش ع ش ر ب ذ
ظ ط ف ا ن ز ذ ص ث ا ح ن پ ر غ
ف ن م د ن ن ق ش ه ن گ ا ر م ر
ث چ ج د آ ت ژ ن ص ش چ و ث ت ت
ي م ه س غ گ پ ر س ت ا ر ر م ن

مربی
سفیر
هنرمند
ستاره شناس
وکیل
رقصنده
بانکدار
شکارچی
نقشه نگار
ویرایشگر
داروساز
زمین شناس
جواهر
لوله کش
پرستار
نوازنده
پیانیست
روانشناس
دانشمند
دامپزشک

66 - Antartide

و	ح	گ	م	غ	ت	ظ	ا	ف	ح	ر	ش	ش	ت	س
ن	ه	ن	گ	و	ر	خ	ق	ی	ح	ع	ب	و	و	ا
ق	ر	ز	خ	ب	ا	خ	س	ج	ز	خ	ه	ب	پ	پ
ر	ا	ک	ی	ض	ر	د	ی	و	ب	ل	ج	ا	و	ی
ي	ز	ف	آ	ج	ح	ئ	م	ب	خ	ی	ز	ک	گ	ا
ت	س	ق	ص	ئ	ه	ظ	ر	ع	ث	ج	ی	ت	ر	ف
ص	ق	ت	ث	خ	ج	ب	ی	س	د	ت	ر	ش	ا	ص
ژ	پ	ظ	ا	ه	ر	ب	ا	ن	ز	ن	ه	ا	ف	ق
م	ح	ق	ق	ح	د	ک	ز	ک	آ	ب	ی	ف	ی	س
ت	ه	ن	ع	ئ	ق	و	ج	ئ	س	د	ز	ت	پ	ژ
ج	غ	ر	ا	ف	ی	ا	ط	آ	ز	پ	م	ح	ی	ط
ت	ر	ج	ا	ه	م	پ	د	ذ	ص	ز	د	د	ب	ک
ض	س	خ	ج	ق	ل	ذ	ظ	ج	ئ	خ	م	ی	غ	ج
خ	ث	غ	ف	ش	ع	ل	ن	ي	ت	چ	ق	ت	ش	غ
گ	ع	ل	ح	ر	خ	ژ	خ	ل	ک	ز	ط	ي	ک	ن

آب
محیط
خلیج
نهنگ
حفاظت
قاره
اکتشاف
جغرافیا
یخ
جزایر

مهاجرت
مواد معدنی
ابرها
شبه جزیره
محقق
راکی
علمی
اکسپدیشن
درجه حرارت
توپوگرافی

67 - Libri

ث	خ	ت	ف	ا	ب	س	غ	ی	ف	ز	ب	ت	ن	د
ز	و	ل	ط	ت	ژ	آ	م	ی	چ	آ	خ	ا	ض	غ
خ	ا	ف	خ	ی	ع	ض	ص	ک	م	ا	م	ر	ن	ص
ص	ن	ی	ی	پ	ع	ج	ط	و	ب	ر	م	ی	ج	ن
ز	ن	غ	د	ذ	چ	م	گ	ج	ص	ی	م	خ	ن	م
غ	د	چ	ا	م	ا	ج	ر	ا	ج	و	ی	ی	ب	پ
ح	ه	ب	س	ت	ي	ظ	ق	ن	م	ا	ف	ت	غ	پ
م	د	ش	ت	ز	ش	ف	و	ذ	ی	ر	ک	د	م	ژ
ا	ن	د	ا	ئ	ت	ش	م	آ	ش	ر	ع	ذ	ا	ذ
س	س	ش	ن	ز	ت	ک	ز	ي	ی	ب	د	ا	ن	ژ
ه	ی	ت	ق	ه	ش	د	ص	ش	ج	ع	ی	ل	گ	د
ش	و	ن	ش	ي	پ	ظ	ف	ع	س	چ	س	ر	ی	ث
ف	ن	د	ظ	ن	م	ئ	ح	ر	ئ	ع	ط	ن	ز	ص
ئ	ه	م	ج	م	و	ع	ه	ی	گ	ن	ا	گ	و	د
ا	ک	ئ	و	چ	و	خ	ظ	د	گ	ج	ف	چ	ع	س

نویسنده
ماجراجویی
مجموعه
بافت
دوگانگی
حماسه
مبتکر
ادبی
خواننده
راوی

صفحه
شعر
مربوط
رمان
نوشته شده
سری
داستان
تاریخی
غم انگیز
طنز

68 - Geografia

ن	پ	ع	ط	ظ	چ	ژ	ي	س	ث	آ	ک	پ	ک	ع
ذ	ص	ا	و	ع	ح	ن	م	ت	ب	ظ	ذ	ا	و	ط
و	ط	ف	ل	ل	ت	ط	ی	ع	ش	خ	ظ	خ	ه	ط
ر	پ	ت	ا	ی	ر	د	ی	ط	غ	ه	ق	ط	ن	م
ح	و	ر	م	ل	ق	ش	ا	ص	ئ	ر	ر	ک	ا	ط
ظ	گ	ا	ع	ا	ن	آ	ی	چ	ض	ی	ز	ش	خ	ژ
ب	ص	ئ	ئ	م	ب	ه	ف	پ	ت	ز	ض	ظ	د	ش
ي	ع	ر	غ	ش	گ	ن	ا	ح	ج	ج	ع	ط	و	ق
غ	ا	ي	ق	س	ژ	پ	ر	ر	خ	ن	ر	پ	ر	ژ
ز	ل	چ	م	س	ب	ص	غ	و	پ	گ	و	ج	ح	و
ج	ه	ا	ن	ن	پ	خ	ج	ش	ق	ح	آ	ب	ر	غ
ن	ق	ش	ه	ق	ی	ح	ض	ک	ح	ی	ا	ر	ص	د
د	غ	غ	ث	ق	ق	و	ر	خ	ق	ژ	ط	ق	گ	ي
ق	ا	ر	ه	ح	ص	ظ	ع	د	ض	ح	ل	ب	ذ	ک
ن	ی	م	ک	ر	ه	ج	ب	ب	ث	ژ	س	ی	ی	آ

ارتفاع
اطلس
شهر
قاره
نیمکره
رودخانه
جزیره
عرض جغرافیایی
طول
نقشه

دریا
نصف النهار
جهان
کوه
شمال
غرب
کشور
منطقه
جنوب
قلمرو

69 - Cibo #1

ج	ر	ش	ز	ژ	د	ش	ل	غ	م	ر	ن	آ	ع	خ
ی	و	ض	ظ	ث	آ	ع	ک	غ	ح	ن	م	ک	ا	ا
و	و	و	غ	ع	ر	ا	س	ف	ن	ا	ج	ش	ض	غ
ه	ذ	ع	د	ظ	چ	ن	ا	ب	آ	ت	ن	ئ	ظ	گ
آ	پ	ی	ا	ز	ع	ع	غ	ر	ش	آ	ی	ث	ق	و
ب	چ	آ	ک	ف	آ	ن	ع	ح	ی	ط	چ	ه	ک	ش
ج	ظ	غ	ت	س	و	ض	ج	ک	ی	ک	ر	ذ	ا	ت
ت	ش	چ	ژ	ط	ب	ف	گ	ط	ب	آ	ا	غ	خ	م
و	ر	ی	ح	ا	ن	ث	ض	و	ا	ش	د	ن	ق	ق
ت	چ	ج	ز	ي	ث	ذ	خ	ت	ل	ئ	ل	ئ	چ	س
ف	س	ی	ر	ذ	خ	ي	غ	ث	گ	ع	ر	ی	و	ي
ر	ي	خ	ف	د	گ	ع	ش	ع	م	ح	پ	ي	م	خ
ن	س	ا	ل	ا	د	ق	ي	گ	ذ	ذ	ژ	ک	ط	و
گ	ئ	ج	ل	ث	ل	ف	ش	ت	ث	ظ	ک	ف	ز	ژ
ی	ي	ز	ز	خ	ج	ا	ی	ذ	ش	ی	ر	ل	ج	ص

سیر
ریحان
دارچین
گوشت
هویج
پیاز
توت فرنگی
سالاد
شیر
لیمو

نعناع
جو
گلابی
شلغم
نمک
اسفناج
آب
ماهی تن
کیک
قند

70 - Etica

و	ی	ل	چ	ا	ک	ج	ت	ق	ف	ش	ع	گ	ز	و
آ	ا	و	ش	ی	ن	ئ	ی	ح	ب	ص	خ	ض	ف	ق
ش	ق	ق	ک	ظ	پ	چ	ن	ب	م	ز	و	د	ژ	ت
ف	ن	ع	ع	ن	چ	ا	ا	ض	ج	ل	ش	ی	و	ج
ه	ل	م	ج	گ	ب	آ	ل	س	ی	چ	ب	پ	ف	گ
م	ي	س	ع	ظ	ر	ک	ق	گ	ض	د	ی	ل	ر	ل
ک	م	ع	ف	و	ب	ا	ع	ي	ا	ض	ن	م	د	گ
ا	ی	ز	ص	ه	ص	ر	ی	ن	ق	آ	ی	ا	گ	ا
ر	د	م	ژ	ط	ک	ز	ن	ی	آ	پ	س	ت	ر	ن
ی	ز	گ	ض	خ	س	ج	ا	س	ض	ت	خ	ی	ا	ب
خ	ی	ر	خ	و	ا	ه	ب	ف	ن	خ	ت	ک	ی	ش
ص	د	ا	ق	ت	ب	ح	ر	ک	ا	ر	م	ت	ی	ر
س	س	م	ي	ط	ش	ئ	ه	م	ث	ر	ک	ي	ر	ی
ا	پ	و	ب	ظ	پ	ذ	م	ا	ر	ت	ح	ا	و	ت
ن	و	ع	د	و	س	ت	ی	گ	چ	ر	ا	پ	ک	ی

نوع دوستی
خیرخواه
شفقت
همکاری
کرامت
دیپلماتیک
فلسفه
مهربانی
فردگرایی
یکپارچگی

صداقت
خوش بینی
صبر
معقول
عقلانیت
واقع گرایی
احترام
حکمت
تحمل
بشریت

71 - Aeroplani

ف	م	ط	ا	ل	ت	ر	ن	م	ح	ت	ب	ت	د	ظ
خ	ر	و	ح	ن	م	س	ا	ف	ر	ب	ا	ي	د	ز
ذ	د	و	ت	ژ	ک	ج	ب	خ	ط	ا	د	ا	ت	ظ
ط	ث	م	د	و	ج	ف	ل	ي	ي	ر	ک	ت	ه	ج
ن	ض	چ	ه	ر	ر	آ	خ	ق	گ	ش	ر	م	ي	ش
گ	ص	م	ث	د	ا	ر	ت	ف	ا	ع	د	س	و	ا
ت	ت	ع	ع	ی	ش	گ	خ	ئ	ب	ط	ن	ف	ب	ل
ز	ت	ق	ذ	ه	ن	ف	و	آ	ظ	ف	ا	ر	ا	ر
ا	و	ه	ن	خ	ر	ق	س	ر	ب	چ	م	ر	ظ	د
س	ب	ا	د	ک	ن	ک	آ	و	آ	و	س	ض	ش	ث
و	س	ج	د	ر	ی	پ	س	ی	ت	ن	آ	س	ن	خ
ت	ا	ر	ی	خ	ص	ث	ز	خ	ئ	ق	ذ	و	پ	ض
خ	ث	ی	ي	ا	ص	ش	آ	ا	د	د	ط	ق	ر	ذ
ا	ف	ی	د	ف	گ	ک	ک	غ	ا	ل	ف	آ	ا	ع
س	م	ا	ج	ا	ر	ج	و	ی	ی	خ	ر	ژ	ص	ل

ارتفاع
هوا
اتمسفر
فرود
ماجراجویی
سوخت
آسمان
ساخت و ساز
طرح
جهت

تبار
خدمه
باد کردن
هیدروژن
موتور
بادکنک
مسافر
خلبان
تاریخ
تلاطم

72 - Governo

د	ش	ت	ظ	ن	م	پ	خ	ذ	ف	گ	چ	ض	ل	ت
ع	م	ل	چ	ح	م	ب	ح	ث	ر	ج	ج	ع	آ	ا
س	ن	و	ن	ا	ق	ا	د	م	ه	ق	ط	ن	م	ب
چ	خ	د	ک	م	ل	ی	د	آ	ب	م	ق	ی	آ	ع
ش	ز	ن	گ	ر	خ	ژ	و	ذ	ر	د	ا	ا	ا	ی
پ	ژ	ذ	ر	چ	ا	ت	ل	م	ب	ن	ن	د	ت	ت
ر	ح	ج	ي	ا	گ	س	ژ	ز	ب	ی	و	ب	ل	ف
ق	ض	ا	ی	ی	ن	ا	ی	ا	ع	د	ن	و	س	ي
ظ	ی	گ	ذ	ی	چ	ی	ر	س	ل	ا	ا	د	ش	آ
ع	د	ا	ل	ت	ص	س	ب	ت	ي	ز	س	ل	آ	پ
ط	ئ	ی	م	چ	ت	ق	ا	ق	ذ	آ	ا	ي	ح	ن
و	ح	م	ی	ص	ن	ذ	ر	ل	ش	ج	س	ض	ژ	ي
ن	غ	ف	ر	غ	ج	ص	ب	ا	خ	ض	ی	و	خ	ط
ش	ث	ح	ت	ت	ز	ی	ک	ل	ز	ر	غ	ی	ئ	ب
س	ل	گ	ز	ل	ص	ض	ژ	ض	ذ	ئ	ح	چ	ع	غ

رهبر
تابعیت
مدنی
قانون اساسی
دموکراسی
سخنرانی
بحث
قضایی
عدالت
استقلال

قانون
آزادی
یادبود
ملی
ملت
سیاست
منطقه
نماد
دولت
برابری

73 - Colori

ح	ی	د	خ	ئ	ج	ئ	گ	ش	گ	د	ظ	ت	س	ص
ه	ا	ی	س	ز	چ	پ	د	پ	ک	ت	ک	م	ف	ق
ظ	ه	ر	ب	ر	ا	و	ن	ض	ا	ظ	گ	گ	ی	ر
ق	ز	ت	غ	چ	ع	چ	ج	ذ	د	آ	ت	چ	د	م
ه	و	س	خ	و	غ	س	ب	ز	ن	ی	ل	ی	ح	ز
و	ر	ک	ل	پ	ا	ظ	ق	ع	ک	و	ث	ز	ج	ا
ه	ی	ا	ض	ل	ش	ن	ش	ژ	غ	ش	ض	ظ	ر	ظ
ا	ف	خ	غ	ف	خ	پ	ی	ز	ز	ر	ش	ک	ی	د
ی	ج	ن	ر	ا	ن	ت	د	ب	ي	ظ	ف	ط	ب	س
ت	ط	خ	ص	ع	ژ	د	ر	س	ح	ئ	ن	پ	آ	س
ر	ذ	ض	م	ظ	ع	ا	و	ب	ت	غ	ب	ا	چ	ط
و	م	ل	غ	غ	ژ	چ	ج	آ	ب	ش	ک	چ	ط	ل
ص	ص	ک	و	ث	ی	پ	ا	ع	ژ	ژ	غ	م	ر	ئ
ف	خ	ی	ص	ق	ذ	م	ل	ن	ض	ي	ت	ژ	ص	ئ
ص	چ	ت	ج	ت	ط	ا	ی	ص	ض	ز	ز	ف	ن	ف

نارنجی
لاجوردی
بژ
سفید
آبی
فیروزه ای
زرشکی
زرد
خاکستری

نیلی
ارغوانی
براون
سیاه
صورتی
قرمز
قهوه ای
سبز
بنفش

74 - Bellezza

ز	پ	ئ	گ	ل	ز	ف	ح	ئ	ق	ظ	ا	س	ع	ص
پ	ج	و	د	ی	و	ک	ب	ز	ا	ح	ح	ش	س	ر
ژ	ن	ن	س	ی	ک	ر	گ	ژ	ف	ل	ي	م	غ	ئ
ئ	د	ف	ش	ت	ی	ض	م	خ	ر	ج	ش	ن	ض	ح
ر	پ	ظ	ئ	ث	ش	ح	غ	د	گ	ژ	ا	خ	د	ي
ت	ز	ژ	ت	ت	ی	خ	ا	م	گ	ز	م	ب	ژ	ف
گ	ج	ل	ا	ف	ا	ک	ي	ا	ه	ص	پ	خ	ا	ل
ز	ه	ح	ی	ا	ر	ل	چ	ت	ن	غ	و	ر	ط	ع
ئ	ر	ب	س	ر	آ	ت	و	و	ی	ذ	ن	ق	ئ	ق
ژ	ن	ب	ذ	ظ	م	خ	غ	ص	آ	غ	ي	ی	گ	ن
گ	ن	ر	د	پ	ز	ی	ب	ا	ح	ب	ا	چ	پ	چ
آ	ر	ر	ر	غ	ا	ث	س	ض	ج	م	ف	ی	ش	ر
ا	ک	ی	ن	ژ	و	ت	ف	ح	م	ط	س	ت	ژ	ژ
ص	ا	ف	س	ض	ل	ج	ت	ئ	آ	ض	و	و	ز	ل
س	ب	ک	ن	ض	ی	ی	ح	پ	ب	ج	ن	ئ	پ	ب

رنگ
لوازم آرایشی
زیبا
ظرافت
افسون
قیچی
فتوژنیک
عطر
گریس
صاف

روغن
پوست
محصولات
رایحه
فر
رژ لب
خدمات
شامپو
آینه
سبک

75 - Avventura

ر	د	ط	ظ	س	ن	ج	ب	ذ	خ	ف	ش	ص	ج	ی
ح	خ	ط	ر	ن	ا	ک	چ	ا	خ	ع	ض	خ	ه	ژ
گ	ک	ص	ف	ا	پ	ط	ا	گ	خ	ا	ز	چ	ت	ط
ت	س	ش	چ	ش	ق	و	خ	ظ	ح	ل	غ	آ	ی	ج
ت	ژ	ا	پ	آ	ظ	خ	ش	و	ش	ی	ی	د	ا	پ
ط	ع	د	ث	ل	ي	ث	د	ز	ا	ت	ر	و	ب	م
ه	ب	ی	ز	ا	س	ه	د	ا	م	آ	م	س	ی	ج
م	گ	ی	ی	ح	ت	ظ	ف	ا	گ	م	ع	ت	ا	د
ا	ق	ت	ع	ا	ج	ش	ر	ش	ش	ش	م	ا	ی	ی
ن	ئ	ص	م	ت	ب	ظ	ص	ت	ت	ک	و	ن	م	د
ر	ئ	ق	د	ز	ف	ی	ت	ی	و	ل	ل	ع	ن	ژ
ف	م	خ	ع	ق	ح	غ	ز	ا	گ	ي	ر	خ	ی	ل
س	چ	ج	خ	ت	م	ي	ب	ق	ذ	ی	ک	ط	غ	ص
ض	ف	ی	ص	ز	ث	ظ	ت	ا	ا	ش	م	ی	ح	د
ژ	ز	ذ	ي	ل	ئ	ج	ذ	پ	ر	ت	ت	ع	و	ژ

دوستان
فعالیت
زیبایی
شانس
شجاعت
مقصد
مشکل
اشتیاق
گشت و گذار
شادی

غیر معمول
سفرنامه
طبیعت
جهت یابی
جدید
فرصت
خطرناک
آماده سازی
ایمنی

76 - Forme

ص	ا	ف	ا	ت	آ	ظ	پ	ژ	ژ	و	ی	آ	ن	ک
خ	ع	م	ح	ث	ق	ک	ق	غ	ث	م	ض	خ	م	ق
د	ر	س	پ	ت	ک	ز	ض	ج	ص	گ	ف	ا	ت	ض
خ	غ	و	چ	ي	م	ظ	ش	م	و	ذ	ن	ص	ع	پ
د	ج	ح	ی	و	ي	و	ئ	ک	خ	ح	ت	ن	ا	ل
ذ	ی	و	ص	ي	ع	ت	ذ	ع	ث	ذ	ز	ي	غ	ی
غ	ص	ع	م	ح	ژ	ض	آ	ب	ی	م	ج	چ	د	ط
خ	ض	ا	ی	ف	ج	ه	چ	خ	ق	ظ	ق	س	م	ت
ق	ع	ج	و	ئ	ذ	ل	ذ	ص	ژ	ژ	ن	ک	ر	س
س	خ	م	ث	ل	ث	م	س	ی	ل	ن	د	ر	ب	م
ب	ح	ع	و	ف	گ	خ	ی	ن	ح	ن	م	ه	ع	س
س	م	ل	د	ن	ر	ر	م	ن	ش	و	ر	ب	آ	ح
ز	ی	ل	ژ	ب	د	و	ب	ی	ض	ی	ط	خ	پ	و
ذ	ن	ه	ش	و	گ	ط	ق	ظ	ا	م	ژ	ي	ع	ر
ف	ز	ط	م	ر	ه	چ	ن	د	ض	ل	ع	ی	ق	س

گوشه
کمان
دایره
سیلندر
مخروط
مکعب
منحنی
هذلولی
سمت
خط

بیضی
هرم
چند ضلعی
منشور
مربع
مستطیل
گرد
کره
مثلث

77 - Oceano

د	ح	آ	ج	پ	ق	ر	ظ	ا	خ	ئ	ح	ن	پ	ث
ک	ز	ئ	ل	ل	ا	ح	ظ	س	ب	ن	ي	ذ	آ	ل
ا	و	ج	ب	ت	ی	ع	ی	ف	ي	ص	خ	ي	ي	ظ
ی	ح	س	ک	ت	ق	ا	ز	ن	آ	ح	چ	ی	ن	ذ
ی	ي	ا	ه	ن	ط	خ	ح	ج	ف	ح	ط	ژ	غ	ث
ا	آ	خ	خ	ه	و	ت	م	ا	ر	م	ا	ه	ی	ذ
ی	ج	م	ح	ن	ف	پ	غ	ژ	ن	ص	و	ن	ف	آ
ر	ل	ي	آ	گ	ا	ه	ن	ط	ت	ب	ا	ز	ق	م
د	ل	ف	ی	ن	ن	د	ق	ی	ی	غ	ق	ن	خ	ی
س	ی	ت	ج	ط	د	ر	م	ا	ه	ی	ث	ا	ر	گ
و	ا	ق	د	چ	ج	ی	ز	ف	ا	س	ک	چ	چ	و
ر	ا	ذ	ا	ث	ن	ا	ج	ر	م	ص	خ	ا	ن	ا
ع	ق	ک	ا	چ	ک	ی	و	پ	پ	غ	د	ا	گ	ح
ل	ا	ک	پ	ش	ت	ی	ن	م	ک	ز	د	ف	ط	ط
ا	خ	ت	ا	پ	و	س	ض	ئ	ا	ع	ذ	ع	ب	گ

جلبک
مارماهی
نهنگ
قایق
مرجان
دلفین
میگو
خرچنگ
عروس دریایی
امواج

صدف
ماهی
اختاپوس
نمک
تپه دریایی
اسفنج
کوسه
لاک پشت
طوفان
ماهی تن

78 - Veicoli

ک	ض	آ	ظ	ر	ص	غ	پ	خ	ر	ا	ا	و	ک	م
ح	ا	م	ت	و	ح	ل	ذ	پ	س	ز	ت	ش	گ	غ
ق	م	ر	و	ت	و	م	ق	ب	ع	س	و	ر	ت	م
ا	ی	خ	و	ک	ج	ط	غ	ق	ض	آ	ب	ص	ص	ا
ی	پ	ی	ی	ا	ی	ر	د	ر	ی	ز	و	ق	د	ل
ق	ا	ر	س	ر	ن	ف	ز	ت	ض	چ	س	ق	ا	ث
ک	و	ف	ک	ت	ی	م	ط	و	ظ	گ	ن	ط	ض	د
خ	ه	م	ا	ل	ش	ص	ن	ک	ي	ع	ک	ا	ک	و
س	خ	د	ت	ض	ا	ذ	ط	س	ي	ز	ا	ر	ح	چ
ص	ع	ک	ظ	پ	م	س	ز	ا	ل	ب	م	ذ	ر	ر
ب	ض	ی	ژ	ض	د	ر	ت	پ	و	ک	ی	ل	ه	خ
آ	م	ب	و	ل	ا	ن	س	ی	پ	ج	و	ی	ب	ه
ث	ل	ل	د	م	ت	ط	گ	ل	ک	ث	ن	م	گ	ع
ذ	ق	ر	ح	ی	ب	ا	ش	ک	ی	چ	ش	و	غ	ر
م	ح	و	م	و	ش	ک	ش	د	ص	ی	ض	ع	ح	ن

هواپیما
آمبولانس
ماشین
اتوبوس
دوچرخه
کامیون
کاروان
هلیکوپتر
مترو
موتور
شاتل
لاستیک
موشک
اسکوتر
زیردریایی
تاکسی
فری
تراکتور
قطار
قایق

79 - Emozioni

ت ک س ا ل ت د ا ع س ا و ت ح م
ی آ ض ج ز غ د ش ئ ن ت ت ل ی ل
ي ن ر ل ض د ت ا م ه ر ب ا ن ی
ض غ ت ص م ی ز د ش آ ص ح ج ف ض
ن خ ه م د ر د ی خ ی س د خ و ا
خ ل خ ئ ي ا ق ی ظ ا ذ ق ا ت ر
د آ ت ب ذ ز خ ت س ش ل د ع ر د
ش م ا ر آ گ ث ی ن ق ع ف ش س ج
ب ی غ د ص س ت ر چ د ش ص ق ع خ
ي ع ث ح ق ا ن ی ک س ت ص ف غ ع
ث ک خ ط ج پ ظ ذ غ آ ز ج ح چ ذ
ل ث ز ی ط س ک آ ر غ ث ل خ ج ک
ر ژ ي ج ت ف ف ا م ب پ و م ص ک
گ د ظ س آ ص م س ا گ ق ظ ح ش آ
ه و د ن ا و م غ ح ل ص پ ط ژ ح

عشق
سعادت
آرام
محتوا
مهربانی
شادی
سپاسگزار
خجالت
کسالت

صلح
ترس
خشم
تسکین
همدردی
راضی
حساسیت
آرامش
غم و اندوه

80 - Natura

ص	ج	ن	گ	ل	ف	پ	گ	ر	ب	و	خ	ا	ش	ک
گ	خ	و	س	ژ	ر	ق	ن	ت	ئ	ت	ح	ف	ن	و
ر	ا	ر	ظ	د	س	ط	م	ا	ر	آ	و	ش	ر	ی
م	ر	ی	ه	م	ا	ب	ط	ن	ه	گ	ث	ظ	ی	ر
س	و	چ	ا	ف	ی	ش	ط	ا	ی	خ	چ	ا	ل	ژ
ی	ق	پ	گ	ص	ش	م	ط	و	ت	س	ر	ه	ا	ظ
ر	آ	ا	ه	ر	ب	ا	ض	ی	ا	ص	ب	ر	س	گ
ی	ز	ن	ا	ظ	ع	ل	ع	ح	ی	ک	پ	و	ق	ژ
ز	ض	ه	ن	ا	خ	د	و	ر	ح	گ	خ	ب	ز	آ
ی	ج	ح	پ	پ	ض	د	ب	ش	ح	ن	ي	ن	ی	پ
آ	آ	ش	ض	غ	ي	ج	ص	ث	ب	ز	ط	ز	ب	و
ض	ي	و	خ	ف	س	ئ	ژ	ع	ذ	س	خ	ل	ا	ی
ا	ی	ذ	چ	ض	چ	ز	غ	ل	س	ق	ج	ش	ی	ا
ر	و	ک	چ	خ	پ	ش	ئ	ژ	ن	پ	ط	ق	ی	ن
چ	ر	چ	ع	ص	ژ	آ	ق	ظ	ث	ز	ت	و	ف	م

حیوانات
زنبورها
قطب شمال
زیبایی
کویر
پویا
فرسایش
رودخانه
شاخ و برگ
جنگل

یخچال
مه
ابرها
پناه
پناهگاه
صخره
وحشی
آرام
گرمسیری
حیاتی

81 - Balletto

م ت پ پ م ذ ژ ی گ ل ث گ ش ک ض
و م ح پ ث ر س ا د ح ب آ ئ ی د
س ر ي ح ق و ت ن چ گ ا ض ر ت ک
ی ی ض ص ص ا ش د ض ص ی ج و ل م
ق ن ن ق ي ز س ت ط ش م ل ص ل ک
ی د ف ر ف ع ض ل ا ت ت ي ق ف ع
ه ک گ ق ج ر ز م ی د ا ر ف ن ا
م و ص ه ص ا ق ر ر ر ا ن ت ب ع
ه ت د ش س ک گ ظ ن آ ج و ک ر ا
ا ن ق گ د د ز گ ه م خ ط ن ا ر
ر ط ن خ ص د ض پ ک ک و ع ی ز ک
ت ه ي ح ح ص ز ظ ر چ چ ص ک ن س
آ م ئ ژ س ظ س د ط ی م س گ د ت
ع پ ی ط ب ت ت ئ آ ث ژ ض ف ه ر
ر آ ي ب ک ذ ذ ل ح ص گ ض گ ژ ع

برازنده
شدت
عضلات
موسیقی
ارکستر
تمرین
ریتم
سبک
تکنیک

مهارت
هنری
انفرادی
رقاصه
رقصنده
آهنگساز
رقص
رسا
ژست

82 - Paesi #1

ا	ذ	ح	ز	د	چ	ض	ن	ي	ز	گ	ف	ض	ت	ژ
ظ	س	چ	م	ت	م	ی	ض	م	ب	ر	ز	ی	ل	ع
د	ف	ر	ق	ر	ا	ا	ک	آ	غ	ق	ص	ه	ن	د
چ	ن	ع	ا	م	ا	ن	ا	پ	ب	ش	ط	م	ا	ل
ا	ل	و	ر	ی	ص	ک	ز	ح	ط	ش	ي	م	ت	ا
ز	ا	ا	ع	ب	ی	ل	ش	ی	د	ج	ط	س	س	ظ
ک	ن	س	ب	ی	ن	ل	آ	ل	م	ا	ن	ژ	ه	ق
ا	د	پ	ج	ل	ا	ا	س	ا	ق	ر	خ	ی	ل	آ
ن	ز	ا	ش	پ	م	گ	غ	م	م	ص	ظ	آ	گ	ط
ا	خ	ن	ر	ل	و	ن	ک	ا	م	ب	و	ج	ش	ا
د	م	ی	ث	غ	ر	س	ل	ن	چ	خ	و	پ	ث	ذ
ا	گ	ا	ژ	ب	آ	ی	ع	ض	و	ی	ت	ن	ا	م
و	ن	ز	و	ئ	ل	ا	ج	ف	ل	ر	ي	غ	گ	خ
ج	ژ	د	ر	و	ل	ی	ظ	ض	غ	ی	ق	ظ	و	ض
ض	ظ	ع	ن	ف	غ	غ	ا	گ	ث	ک	آ	ئ	آ	ل

برزیل
کامبوج
کانادا
مصر
فنلاند
آلمان
هند
عراق
اسراییل
لیبی
مالی
مراکش
نروژ
پاناما
لهستان
رومانی
سنگال
اسپانیا
ونزوئلا
ویتنام

83 - Geometria

ث	ل	ث	م	ل	ب	و	ش	ث	م	ن	ح	ص	ق	خ
ن	ج	ط	ک	ی	ز	ا	و	م	ع	ح	ظ	م	ط	ر
ز	ت	س	ر	ن	ا	ا	ر	ت	ف	ا	ع	ر	ر	ق
س	ا	ي	ض	ح	ط	ن	غ	ن	ن	ض	د	غ	ی	آ
ش	ئ	و	ق	ن	ظ	ش	ه	ر	ی	ا	د	غ	ک	ه
ب	خ	ش	ی	م	ض	ر	ب	ت	ق	ا	ر	ن	ع	س
ژ	ص	ث	ق	ه	ث	ش	ن	ئ	ط	ش	م	ا	ر	ه
ف	ی	ط	ط	غ	ع	ط	ض	ق	ن	ي	ز	و	ا	پ
آ	ژ	ی	گ	و	م	ث	ج	س	م	ظ	ث	ز	ف	ث
ث	ن	س	ب	ت	و	گ	ش	ط	ژ	س	غ	ض	ق	ن
م	ی	خ	خ	ب	د	ی	آ	ح	پ	ئ	خ	آ	ی	ئ
ض	چ	ح	ش	ث	ی	پ	خ	ئ	م	ح	ا	س	ب	ه
ف	ث	ب	ئ	ب	ی	ط	ق	ژ	ظ	ب	چ	ی	پ	س
ی	ع	م	ذ	ک	ئ	آ	ط	ل	پ	ج	ت	ا	ز	ث
م	ع	ا	د	ل	ه	ب	ع	د	ي	ل	ئ	ي	ن	پ

ارتفاع
زاویه
محاسبه
دایره
منحنی
قطر
بعد
معادله
منطق
میانه

شماره
افقی
موازی
نسبت
بخش
تقارن
سطح
نظریه
مثلث
عمودی

84 - Foresta Pluviale

پ	ث	ش	ح	ن	ض	ل	ف	غ	پ	ع	ب	ث	ق	ن
ر	ض	ا	ش	ز	ر	ا	ا	ب	ن	ظ	و	ب	ق	ا
ن	ث	ب	ر	ج	ن	گ	ل	گ	ا	آ	م	ش	خ	ر
د	ق	ر	ا	پ	ا	ظ	خ	ن	ه	ئ	ی	ذ	ط	ا
گ	ق	ه	ت	ش	ت	ئ	ل	ج	م	پ	س	ت	ي	د
ا	ي	ا	ع	ت	س	ف	خ	خ	ت	ج	ا	ئ	ژ	ن
ن	ل	ذ	ی	ق	ی	ز	ک	ز	ر	گ	ن	پ	ن	ا
ح	ق	ث	ب	ن	ز	ل	ر	ه	م	ي	ش	ا	ی	ت
گ	ی	ي	ط	ع	و	ن	ت	ح	ی	ز	ه	ص	ز	س
ت	د	ص	آ	گ	د	ئ	ض	ف	م	ض	ا	گ	ف	پ
ط	ط	ر	و	س	ت	ذ	س	ظ	ی	ز	ی	ت	ض	ص
ی	ر	ت	ح	ث	ض	ض	ئ	ط	ل	س	گ	غ	ش	ز
ف	ل	ق	ا	ح	ت	ر	ا	م	ق	ف	ر	ق	ژ	ت
ث	غ	س	ف	ص	ظ	ی	ق	ش	ا	ف	م	خ	ط	گ
ع	و	ز	چ	ث	ف	د	پ	ص	م	ح	ع	گ	ع	م

دوزیستان
گیاه شناسی
اقلیم
انجمن
تنوع
جنگل
بومی
حشرات
پستانداران
خزه

طبیعت
ابرها
حفظ
با ارزش
ترمیم
پناه
احترام
بقا
پرندگان

85 - Edifici

ز	م	ت	س	ل	س	ن	و	ژ	س	ق	ک	گ	غ	ک
ش	ح	ک	ح	خ	ذ	ح	ش	ژ	ف	ب	ل	چ	ژ	ا
ع	ی	ر	ژ	س	ه	ع	س	ح	ا	خ	ک	ع	ر	ب
خ	و	ا	ب	گ	ا	ه	ک	ه	ر	پ	ث	ط	ه	ی
ث	ی	م	م	ا	گ	ز	ن	ا	ت	خ	ئ	چ	س	ن
خ	ل	ر	غ	ن	ش	و	غ	گ	ر	آ	ا	م	ر	ر
ر	ر	پ	ه	خ	ز	م	س	ش	ا	خ	ن	ث	د	ص
ر	ث	و	ت	گ	ر	چ	ی	ی	ب	د	ا	ب	م	د
ن	ث	س	ل	ع	و	ث	ن	ا	ن	ا	ت	ن	ب	خ
چ	ا	د	ر	ب	ر	ج	م	م	ا	ن	س	ئ	ه	ا
آ	ظ	ا	غ	ع	ح	و	ا	ز	ش	ش	ر	ز	چ	ن
آ	پ	ا	ر	ت	م	ا	ن	آ	ا	گ	ا	و	م	ه
ض	ب	ر	ج	ث	ی	د	س	ز	ص	ا	م	چ	ف	ق
ل	ذ	ظ	ن	ذ	ئ	ص	ظ	ر	ط	ه	ی	ب	ت	ع
د	ح	ح	ک	ا	گ	ص	ا	ا	ث	چ	ب	ر	ع	ئ

سفارت
آپارتمان
کابین
قلعه
سینما
کارخانه
انبار
هتل
آزمایشگاه
موزه

بیمارستان
رصدخانه
خوابگاه
مدرسه
ورزشگاه
سوپرمارکت
نمایش
چادر
برج
دانشگاه

86 - Malattia

س	ب	ض	ع	ی	ف	ق	ف	د	آ	ی	ح	ز	م	آ
ن	ق	د	ا	ف	ی	ی	ا	ی	ر	ت	ک	ا	ب	ل
د	ق	ق	ن	پ	د	گ	ی	ث	ر	ا	ا	ي	غ	ر
ر	غ	ئ	م	ا	د	ی	ن	ل	گ	پ	ق	ژ	ف	ژ
م	ث	ف	ز	ی	ر	س	م	ا	م	و	ز	ن	ژ	ی
ئ	ز	ر	م	ت	د	ب	ی	ک	ظ	ر	ض	ت	و	س
ق	ل	ب	ن	م	ط	ک	ا	ژ	ش	و	م	ی	پ	ف
ي	م	ص	ح	ا	د	ا	ح	ج	ن	ن	س	ک	ط	ن
ل	ف	ئ	گ	ل	ا	ل	ت	ه	ا	ب	د	ی	گ	ت
ب	پ	د	ف	س	ظ	ي	ز	ص	م	ژ	ژ	ج	ق	ط
آ	گ	ظ	ر	ی	و	ی	خ	ي	ر	ت	ع	ز	ظ	و
ي	گ	ش	ت	ک	ح	ب	ب	ل	د	ا	ب	س	گ	ض
آ	ر	ث	ط	غ	ن	ق	د	گ	چ	ج	ق	ن	س	ژ
ت	ر	ظ	خ	ذ	ق	آ	م	ح	س	ج	ق	د	غ	ص
پ	ر	ث	ث	ي	و	ک	گ	ث	ز	ی	غ	ث	آ	غ

حاد
شکم
آلرژی
باکتریایی
مسری
بدن
مزمن
قلب
ضعیف
ارثی

ژنتیکی
ایمنی
التهاب
کمر
نوروپاتی
ریوی
تنفسی
سلامتی
سندرم
درمان

87 - Paesi #2

ا	ج	پ	م	ک	ز	ی	ک	ت	ط	خ	ب	ا	ب	ح
س	س	ز	ا	م	ث	پ	ر	ذ	د	خ	و	و	غ	ن
ل	و	و	گ	ک	ش	و	ا	ی	ج	ذ	ا	گ	ئ	ن
س	ا	د	ر	پ	س	ی	م	ض	ا	خ	ي	ا	ل	ق
و	ل	ن	ا	ی	ط	ت	ن	ا	ن	و	ی	ن	ر	ب
ژ	پ	ل	ع	ن	ه	ا	ا	ي	ذ	چ	ک	د	ض	ص
ژ	ص	ر	ی	ی	ی	ن	د	ن	س	ف	ل	ا	د	ه
ی	ت	ی	ئ	ا	ه	ث	ل	پ	آ	ل	ب	ا	ن	ی
ئ	ا	ا	ی	ر	ب	ی	ل	ا	پ	ن	ص	ت	م	س
ي	ن	د	غ	ک	ف	غ	ث	ژ	ی	ظ	ت	ظ	ک	و
ا	د	و	ک	و	ج	ا	م	ا	ئ	ی	ک	ا	ث	ر
ط	و	ئ	ف	ا	ن	ی	ج	ر	ی	ه	چ	ص	ئ	خ
ي	ن	د	ج	ل	س	ی	ح	ن	ش	ز	ا	ض	ف	م
ر	ز	ک	ن	د	ح	و	ث	س	ا	پ	د	ژ	ق	م
م	ی	ئ	ز	ط	س	پ	ب	ل	ص	ق	ذ	ث	ف	چ

آلبانی
دانمارک
اتیوپی
جامائیکا
ژاپن
یونان
هائیتی
اندونزی
ایرلند
لاوس
لیبریا
مکزیک
نپال
نیجریه
پاکستان
روسیه
سوریه
سودان
اوکراین
اوگاندا

88 - Tipi di Capelli

ب	ئ	گ	م	ا	ن	گ	ق	ب	ب	ف	ئ	ص	خ	ن
ط	و	د	ئ	ب	چ	ق	م	ص	ا	گ	ه	ج	ا	و
آ	ص	ر	ب	ل	ن	د	ر	ق	ف	ط	ا	س	ک	ا
آ	س	ظ	آ	ل	و	ز	م	ه	ت	د	ی	ف	س	ر
غ	ظ	م	ا	ی	ا	ث	ل	و	ه	چ	س	خ	ت	ه
ي	م	ف	ر	گ	ر	ت	ژ	چ	ا	خ	ز	ن	ر	ا
ز	س	گ	ر	ن	ب	ی	ز	ی	ت	گ	ع	چ	ی	د
ش	ئ	ن	ش	ر	ر	ث	ح	ص	و	س	و	ذ	ر	ق
ح	چ	ث	ز	د	ا	ب	ظ	ا	ک	ب	ط	ک	ف	ا
گ	ر	ح	ی	ل	ع	ذ	ح	ف	ي	ک	ت	گ	ر	ض
خ	ج	ح	ژ	ل	ر	ژ	ش	ع	و	ص	ص	ش	ف	ا
س	ع	ض	م	د	ذ	د	ظ	ي	م	و	ن	ا	ز	ک
ا	ئ	خ	ن	ژ	چ	ز	و	ط	خ	خ	ط	ق	خ	ش
ل	ئ	ر	ص	پ	ق	پ	ح	ر	آ	ب	ي	ج	ي	خ
م	ی	خ	ض	آ	ح	ب	چ	ف	آ	ص	ک	ا	د	ا

نقره
خشک
سفید
بور
کوتاه
طاس
رنگی
خاکستری
بافته
صاف

بلند
براون
نرم
سیاه
فرفری
فر
سالم
نازک
ضخیم
نوارها

89 - Vestiti

ل	و	ش	ج	ذ	ذ	ر	و	غ	ذ	ژ	ظ	ث	د	ث
ع	ب	ا	و	خ	س	ا	ب	ل	ح	پ	ک	ب	ث	س
ن	ه	ا	ر	ی	پ	و	ل	ر	ح	ی	ض	ر	ف	د
ع	ب	ذ	س	ک	ش	ل	ج	ط	م	و	ک	گ	ل	ز
ر	و	س	ر	ی	ش	ش	ز	ذ	ش	چ	گ	ف	ج	ن
ک	ئ	ص	ج	ژ	ل	غ	ژ	ا	ک	ت	ر	خ	ش	ئ
م	د	و	ک	ض	و	ص	ن	د	ل	ب	د	ظ	ن	و
ی	ن	ح	ص	ج	ا	ق	ت	ح	ظ	ر	ن	گ	غ	خ
چ	ب	ص	ب	ض	ر	ک	ل	ا	ه	د	ب	ح	چ	ز
و	ت	ک	ت	ف	ج	د	س	ت	ک	ش	ن	د	و	ل
ز	س	ط	ع	غ	ی	ص	ا	ب	ض	ج	د	ژ	ر	ع
ت	د	ط	ئ	د	ن	ب	ر	م	ک	ق	و	ض	و	ض
ژ	ف	ت	م	ف	م	ی	د	ژ	ي	ک	ت	ر	پ	ل
د	ی	ک	ئ	ع	ا	ن	ع	ط	گ	ت	ش	ص	ا	و
غ	ق	ص	ش	ی	د	ذ	ب	ل	و	ز	ل	ر	و	ب

لباس
دستبند
جوراب
بلوز
پیراهن
کلاه
کت
کمربند
گردنبند
دامن

صحن
دستکش
شلوار جین
ژاکت
مد
شلوار
لباس خواب
صندل
کفش
روسری

90 - Attività e Tempo Libero

ض	ن	ا	ژ	ک	و	ژ	ز	ش	ف	ل	گ	ژ	ئ	ن
ل	ق	ا	ف	م	ا	ث	ع	ن	پ	و	ض	ش	ص	ق
گ	گ	ا	ذ	پ	ل	ن	غ	ا	ژ	ژ	ت	خ	غ	ا
س	ک	و	ب	ی	ی	ل	ب	ک	ی	ط	گ	ب	ن	ش
ب	ر	ر	د	ن	ب	ب	ی	ر	ب	ک	ئ	ش	ا	ی
ف	ع	گ	غ	گ	ا	ا	س	د	ی	ک	ت	م	چ	ل
ه	ن	ر	ر	ط	ل	غ	ب	ن	ح	ک	ذ	ا	ي	ب
ف	ح	ئ	ب	م	س	ب	ا	ت	ک	غ	ط	ر	ف	س
ی	ث	ر	ص	ظ	ی	ا	ل	ل	ح	ک	و	آ	ج	ک
غ	غ	ا	ث	ر	ن	ن	پ	ح	ي	ق	ی	ذ	ت	ت
ت	س	ق	ک	آ	ت	ی	ر	ا	و	س	ج	و	م	ب
ز	ص	ث	ک	پ	ي	ق	آ	ع	ذ	ی	گ	ا	ر	ا
م	ا	ه	ی	گ	ی	ر	ی	خ	ک	ی	ذ	ل	ئ	ل
ع	د	ش	آ	ک	آ	د	ا	ث	ظ	ع	ژ	ج	ص	پ
ظ	غ	و	ا	ص	ی	و	ر	ه	د	ا	ی	پ	و	د

هنر
بیسبال
بسکتبال
بوکس
فوتبال
کمپینگ
پیاده روی
باغبانی
گلف
سرگرمی

غواصی
شنا کردن
والیبال
ماهیگیری
نقاشی
آرامش بخش
موج سواری
تنیس
سفر

91 - Arte

ص	ا	د	ق	ت	و	چ	ظ	چ	پ	گ	ش	م	د	ت
م	ج	ز	ئ	ف	پ	ف	چ	س	ل	م	ب	ج	ف	و
ذ	ش	آ	ص	ا	ذ	ع	ر	ب	ض	ز	ی	س	م	ب
ص	ض	ق	پ	و	ی	گ	گ	خ	پ	پ	ا	م	و	ل
ح	ا	ل	ت	ج	د	ج	پ	ظ	ج	آ	ن	ه	ض	ا
ت	ژ	ظ	پ	ص	ي	ت	ا	ی	ف	م	ش	س	و	ل
س	ر	ع	ش	ا	ص	ل	ی	د	چ	س	ک	ا	ع	ه
ا	م	ک	م	ت	ض	ذ	غ	ب	ع	ی	ل	ز	خ	ا
د	ر	ی	ی	ی	ن	ع	ب	ص	ت	ل	د	ی	ح	م
ه	ح	م	گ	ب	م	ف	ظ	ر	ش	ا	غ	ه	ح	گ
گ	و	ا	ي	گ	ا	ش	ع	ی	خ	ئ	گ	ق	ذ	ر
و	ل	ر	غ	م	د	ض	پ	ف	ص	ر	ص	ق	ج	ف
ی	ک	س	و	آ	ز	ر	س	ق	ی	ر	ژ	ی	ب	ت
پ	ش	ص	ص	خ	ذ	ن	ئ	پ	ش	و	پ	ش	ف	ه
ظ	ف	ز	پ	س	غ	ط	ژ	غ	ت	س	د	و	ط	ض

سرامیک
پیچیده
ترکیب
ایجاد
بیان
شکل
الهام گرفته
صادق
اصلی

شخصی
شعر
مجسمه سازی
ساده
نماد
موضوع
سوررئالیسم
حالت
بصری

92 - Meteo

گ	ئ	ق	ط	ن	ن	ز	ق	ذ	ب	ب	ن	ز	ر	ژ
ن	ر	ق	ط	ب	ی	گ	ک	ث	و	ا	ا	ی	ع	ح
ل	س	م	ی	ل	ق	ا	ژ	ث	ط	د	م	گ	د	ح
ر	ک	ی	س	ت	د	ا	ب	د	ر	گ	ک	ت	و	ی
ت	ز	ر	م	ی	غ	ر	ب	ا	م	ع	ن	ش	ب	ل
ط	و	ف	ا	ن	ر	د	ج	ث	ا	ح	ی	خ	ر	پ
ث	ص	س	ق	چ	د	ی	خ	ه	ف	ژ	گ	ژ	ق	ئ
آ	س	م	ا	ن	ن	ا	ش	م	ح	ا	ن	خ	ش	ک
آ	س	ت	آ	ت	ت	ص	ک	ب	ر	ر	ر	ن	ئ	ذ
ن	و	ا	ی	ل	ث	ژ	س	ج	چ	آ	ا	ض	ئ	ک
چ	س	ز	ل	ز	ز	ص	ا	ط	د	ر	ن	ر	ن	ل
ع	ق	ت	ض	ئ	م	ش	ل	ا	خ	ا	م	ل	ت	ث
د	پ	ر	چ	ل	گ	ف	ی	ع	ک	م	ئ	ض	ث	ک
ا	چ	ي	ي	غ	ق	ص	ف	ب	ل	ذ	ض	ا	ط	خ
م	ح	ب	خ	م	غ	خ	ن	ت	ز	ذ	ی	پ	پ	چ

رنگین کمان
خشک
اتمسفر
نسیم
آرام
آسمان
اقلیم
رعد و برق
یخ
مه

ابر
قطبی
خشکسالی
درجه حرارت
طوفان
گردباد
گرمسیری
تندر
مرطوب
باد

93 - Corpo Umano

پ	ع	ئ	آ	م	ب	ز	ى	ي	ن	ب	س	ز	ظ	ظ
م	پ	س	گ	ق	خ	ا	ا	ش	ح	ث	ک	ذ	خ	ر
ط	ز	آ	ز	ا	ک	ن	پ	ظ	م	ع	ن	ى	ط	ص
ب	ل	ژ	ل	ژ	آ	و	ظ	چ	ق	ث	ص	ک	ذ	ل
م	ع	د	ه	ن	ا	چ	ع	ذ	م	پ	چ	غ	غ	ظ
ط	م	ت	ح	ح	ظ	پ	ق	ج	ث	ث	ک	ع	ت	آ
گ	و	ب	ش	ئ	چ	ا	پ	ژ	چ	ژ	ت	ح	ل	ز
ئ	ث	ى	ت	گ	ي	ت	ط	و	ژ	د	س	ت	ج	ن
س	ت	ن	ب	ى	ن	ى	ب	د	ل	ظ	و	ر	ق	ح
ر	ه	ع	ي	ح	آ	ا	ب	ه	ت	ص	پ	و	ث	ن
ج	ن	ژ	ض	ق	ر	م	ذ	ا	ن	ژ	ب	ص	ب	ض
چ	ا	خ	و	ن	ن	غ	س	ن	گ	ر	د	ن	ف	ع
ن	ش	ق	ل	ب	ج	ز	ر	ش	ح	خ	ن	ت	آ	ش
ح	و	م	ض	ا	ق	ث	ط	ب	ژ	م	ج	ث	و	ک
ب	گ	ي	ف	ظ	ض	ذ	چ	ر	ث	ش	ي	ق	ط	ا

دهان
مچ پا
مغز
گردن
قلب
انگشت
صورت
پا
زانو
آرنج

دست
چانه
بینی
چشم
گوش
پوست
خون
شانه
معده
سر

94 - Mammiferi

ک	ج	چ	ا	ع	ن	د	ش	ج	ث	ا	ش	ح	ث	ش
ش	ا	ل	ی	ر	و	گ	ک	ا	ن	گ	و	ر	و	ئ
ر	ت	ی	ظ	د	م	ر	ع	ر	ر	س	گ	ی	ه	ل
ف	ت	ف	و	ش	ی	گ	ر	چ	ظ	ي	ر	ش	آ	ن
ذ	گ	ز	چ	ت	م	و	ذ	ث	س	ت	خ	ژ	م	ظ
ث	خ	ش	د	ن	ک	ض	گ	ز	گ	ن	ه	ن	ج	ض
پ	ژ	غ	ئ	چ	ق	ع	خ	ه	ف	ا	ر	ز	ض	ف
ظ	ل	خ	ا	آ	گ	خ	ت	ب	گ	ب	و	پ	ل	ت
و	ی	گ	و	ت	ل	آ	ث	ر	ذ	و	ح	ن	ع	ق
ن	ي	ع	ظ	گ	ل	ئ	ی	گ	پ	ص	س	ی	ر	ح
ک	ش	ژ	ر	و	و	چ	ی	ی	ف	ر	ر	ف	آ	ل
ف	ا	ک	س	ر	ر	ص	غ	گ	گ	ژ	خ	ل	ن	ي
ض	ر	ف	ع	خ	م	ظ	ط	پ	چ	ا	ج	د	ی	د
ئ	ط	ظ	ي	ر	آ	ذ	ظ	غ	ض	ئ	ز	ح	خ	ط
ک	ش	ذ	پ	ح	غ	ک	گ	ا	س	ب	غ	ص	ت	غ

نهنگ
سگ
کانگورو
اسب
آهو
خرگوش
کایوت
دلفین
فیل
گربه

زرافه
گوریل
شیر
گرگ
خرس
گوسفند
میمون
گاو نر
فاکس
گورخر

95 - Universo

ا	ج	ص	خ	ل	ا	ض	پ	س	ژ	ي	غ	ى	س	ظ
ژ	ح	ب	و	ط	ن	ن	غ	ر	ع	ت	ن	ى	و	ص
ى	ش	ى	ر	س	ى	ذ	ق	ن	ج	و	م	ا	ف	ق
ث	ر	ق	ش	ش	م	م	ب	ل	و	ط	ک	ى	ن	م
ک	ر	ا	ى	س	ک	ر	ا	آ	ا	ج	ى	ف	پ	ج
ا	پ	ب	د	ط	ر	ف	ح	س	ت	ب	ه	ا	غ	ث
ى	ل	ل	ى	م	ه	ط	ي	م	ا	م	ا	ر	آ	و
د	آ	ر	ف	س	م	ت	ا	ا	ر	ا	ن	غ	غ	س
و	پ	و	ک	س	ل	ت	گ	ن	ى	ه	ى	ج	ز	ز
ز	م	ى	ن	ا	م	س	آ	پ	ک	ز	آ	ض	ژ	ذ
ي	س	ت	س	ا	ض	غ	خ	ص	ى	د	ل	ر	گ	آ
ظ	د	س	ا	ن	ش	ه	ر	ا	ت	س	پ	ع	ح	ض
ت	ز	ص	ص	ژ	ص	ک	ئ	ذ	ت	ي	آ	ض	ض	ر
آ	ژ	گ	ا	ا	د	م	ه	ت	غ	ع	غ	ن	ب	د
ض	ز	چ	پ	ط	ص	ل	ث	ک	گ	غ	ط	غ	ق	خ

عرض جغرافیایی
طول
ماه
مدار
افق
خورشیدی
انقلاب
تلسکوپ
قابل رویت
زودیاک

سیارک
نجوم
ستاره شناس
اتمسفر
تاریکی
آسمانی
آسمان
کیهانی
نیمکره
کهکشان

96 - Jazz

آ	گ	ظ	ط	ظ	ف	ظ	م	غ	چ	د	ذ	ذ	م	خ
ت	ه	ط	ج	ر	ي	ع	ک	ا	ژ	ئ	د	ب	س	ک
ا	ا	ن	ظ	ک	ی	ا	ط	ر	ت	ک	ن	ی	ک	د
ک	و	ا	گ	ب	غ	ت	ی	ک	ي	ک	م	ک	ح	ر
ی	خ	گ	ز	س	د	د	م	س	آ	ن	ر	ر	گ	ا
د	ل	د	ب	ت	ا	د	ی	ت	ل	س	ن	ت	ژ	م
ی	د	ن	ک	ز	د	ز	د	ر	ب	ر	ه	ف	گ	ن
د	د	ز	ش	ح	ع	ث	ق	ص	و	ت	ن	ي	ث	ی
ج	ر	ا	غ	س	ت	ي	ج	ص	م	م	ي	ش	ژ	آ
ن	ا	و	ن	ن	س	ط	ص	ف	ر	ت	ا	پ	ض	د
ق	و	ن	ه	ع	ا	ت	ر	ا	ن	ه	ئ	ج	پ	غ
م	م	د	ح	ش	ب	د	ا	ه	ه	ح	غ	ظ	پ	ک
ی	ق	ی	س	و	م	ب	خ	ل	ژ	ق	گ	پ	ح	ط
ع	ف	ئ	ص	ث	ع	ل	چ	ط	گ	ل	چ	چ	ط	ح
ث	ص	ر	ب	ژ	ب	آ	ق	ز	م	ز	ذ	ا	ی	ظ

موسیقی
نوازندگان
جدید
ارکستر
موارد دلخواه
ریتم
سبک
استعداد
تکنیک
قدیمی

آلبوم
هنرمند
درام
ترانه
آهنگساز
ترکیب
کنسرت
تاکید
مشهور
بداهه

97 - Vacanze #2

ا	ت	ل	گ	ف	ژ	ف	د	ي	ف	ح	ی	ل	ي	ض
ر	د	ا	چ	ذ	ي	ي	ر	ج	ی	ط	م	ئ	ح	ش
خ	ص	ی	ک	ی	ر	ت	ل	ا	ر	ع	ل	د	گ	س
ز	ق	ر	ض	س	ر	ن	ح	ض	غ	س	ف	ر	ن	ز
د	م	د	پ	ف	ی	ب	ا	پ	ن	ت	ظ	ب	ث	چ
ر	س	ت	و	ر	ا	ن	س	م	ض	م	پ	ر	ژ	ا
غ	ه	ا	گ	د	و	ر	ف	ژ	ه	ع	خ	ص	ي	ض
غ	ر	ل	ض	ش	ب	ظ	ش	ی	ن	ک	ق	ی	ذ	ی
آ	ب	ی	ح	ق	ط	ا	ر	ک	ق	س	م	ر	غ	س
ئ	ج	ط	م	ت	ب	ک	ئ	م	ش	ک	ي	د	د	گ
د	ی	ع	ل	ت	ه	و	چ	پ	ه	غ	ش	خ	ج	ج
ج	ظ	ت	و	ف	ر	ی	چ	ی	ج	ر	ا	خ	ئ	د
آ	و	ل	ن	ج	ی	ز	د	ن	ئ	ت	ص	ر	ز	س
ذ	ع	ک	ق	ث	ز	ا	ص	گ	ز	ص	ت	ض	ع	ث
ح	و	ی	ل	ظ	ج	و	ط	چ	ز	ئ	ط	گ	ا	ب

فرودگاه
کمپینگ
مقصد
عکس
هتل
جزیره
نقشه
دریا
گذرنامه
رستوران

ساحل
خارجی
تاکسی
فراغت
چادر
حمل و نقل
قطار
تعطیلات
سفر
ویزا

98 - Attività

ج	ا	ظ	ل	ت	ک	ي	ر	ت	خ	و	د	ح	ش	ذ
ک	ا	ر	ح	ح	ي	ص	ف	ص	و	ى	چ	ل	ط	ع
ا	غ	د	ک	آ	آ	ا	ر	ق	ا	چ	ک	ق	ا	ک
خ	ز	غ	و	م	س	ن	ا	ر	ن	ه	خ	ح	ف	ط
ش	ح	س	د	ح	پ	غ	غ	گ	د	ث	ى	ص	ع	ذ
م	ن	ا	ف	ع	ع	ى	ت	ى	ن	ا	ب	غ	ا	ب
ا	ل	ش	ث	س	ث	ر	ن	ف	ن	ر	ق	ى	ل	ى
ر	ا	ى	ک	گ	غ	ى	ق	گ	ز	ئ	م	ت	ى	د
آ	خ	و	آ	س	ت	گ	گ	ص	ج	گ	ث	س	ت	د
آ	ي	ر	ب	ز	د	ى	ش	ا	ق	ن	ي	د	ذ	ش
خ	ت	ه	و	س	ف	ه	س	گ	س	ج	خ	ع	ل	ت
ل	م	د	ا	ح	ى	ا	چ	ا	ي	ث	گ	ى	ح	د
ش	ک	ا	ر	ذ	ژ	م	س	آ	ک	ى	م	ا	ر	س
ن	ي	ى	م	ه	ا	ر	ت	آ	ت	ع	و	ن	خ	چ
ش	ئ	پ	ظ	خ	ذ	ل	ذ	ص	ف	غ	ج	ص	پ	ز

مهارت
هنر
صنایع دستی
فعالیت
شکار
کمپینگ
سرامیک
دوخت
رقص
پیاده روی

عکاسی
باغبانی
منافع
خواندن
جادو
ماهیگیری
لذت
نقاشی
آرامش
فراغت

99 - Diplomazia

ج	ق	ژ	گ	ز	ظ	ق	ظ	چ	غ	ر	ح	ز	م	ف
غ	ب	ل	س	ض	م	ع	ا	ه	د	ه	ک	ژ	گ	ي
ی	ک	پ	ا	ر	چ	گ	ی	ل	و	ت	ف	ا	آ	غ
د	ی	پ	ل	م	ا	ت	ی	ک	خ	س	ع	ا	ب	ع
ظ	چ	ض	ض	ژ	غ	ژ	ج	ج	ئ	ا	د	ن	م	ض
ر	ئ	ف	آ	ح	ب	ز	آ	ع	ن	ی	ا	ج	آ	س
ا	م	ن	ی	ت	ر	ا	ف	س	ی	س	ل	م	م	س
ب	ر	ا	ر	ل	ح	و	ض	و	ر	ن	ت	ن	د	ل
ن	د	د	ی	و	ب	و	ا	چ	ا	م	ا	د	ن	ی
ذ	ر	ن	گ	د	ل	ف	و	ش	ک	ب	ه	ث	خ	ي
ي	ا	و	ر	س	ف	ی	ر	ي	م	ا	غ	ح	ن	گ
م	ف	ر	د	ط	ث	ز	ت	ز	ه	ج	و	ب	ل	ع
غ	س	ه	ب	ش	ر	د	و	س	ت	ا	ن	ه	م	ح
ي	د	ش	ئ	گ	ی	ا	ص	ص	ز	ت	و	ش	ح	ص
ی	ص	ص	ظ	ف	ی	ئ	پ	ذ	ب	ع	ط	ت	ط	ز

سفارت
سفیر
شهروندان
مدنی
انجمن
درگیری
مشاور
همکاری
دیپلماتیک
بحث

اخلاق
عدالت
دولت
یکپارچگی
سیاست
وضوح
امنیت
راه حل
معاهده
بشردوستانه

100 - Misurazioni

گ	ل	س	خ	ر	د	چ	م	ا	س	ظ	د	ا	ی	ت
ا	ا	ت	ل	و	ن	م	ر	ا	ب	خ	ج	ع	ط	ض
ع	م	ق	ک	ح	ک	ن	غ	آ	ض	غ	ل	ش	د	ر
چ	ي	پ	ط	ز	ک	ز	ن	ا	خ	ئ	آ	ا	ظ	ص
ع	ف	ه	ج	ر	د	ژ	ع	ض	ف	آ	خ	ر	ا	ع
گ	ک	ق	ت	ز	چ	د	س	ز	ي	چ	ن	ی	ا	آ
ط	ذ	ی	گ	ث	ج	غ	ن	ت	س	ذ	ت	ت	گ	ع
ر	ئ	ق	ل	ل	ی	ت	ر	ز	خ	ژ	م	ز	ن	د
ج	م	د	و	و	چ	ک	د	ر	ذ	ج	ر	ئ	ط	ت
ج	ر	م	ط	چ	م	ف	ا	ع	آ	ط	گ	ع	ن	ب
غ	ت	ی	ا	ب	ض	ت	ر	ا	ر	ف	و	ژ	آ	پ
ح	م	ج	ص	ط	د	ف	ر	ف	خ	ض	ل	ز	س	گ
ن	ی	ق	ص	ح	م	ت	ج	ت	ز	ب	ی	چ	ن	ر
ث	د	ع	گ	ی	ط	ذ	ج	ر	ف	آ	ک	ش	و	م
س	ا	ن	ت	ی	م	ت	ر	ا	پ	ک	ث	ب	ا	ت

ارتفاع
بایت
سانتیمتر
کیلوگرم
کیلومتر
اعشاری
درجه
گرم
عرض
لیتر
طول
جرم
متر
دقیقه
اونس
وزن
اینچ
عمق
تن

1 - Salute e Benessere #2

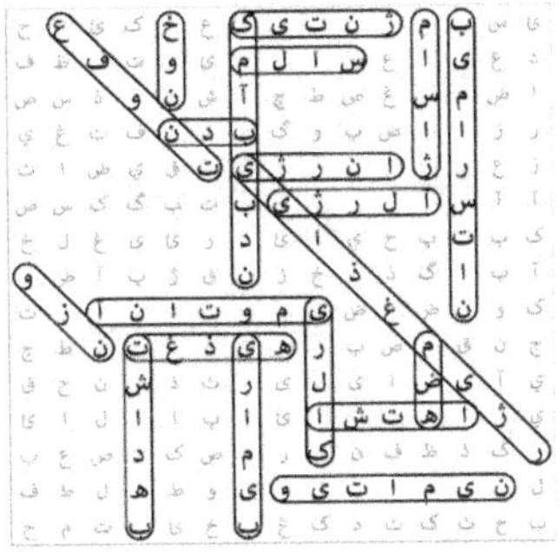

2 - Aggettivi #2

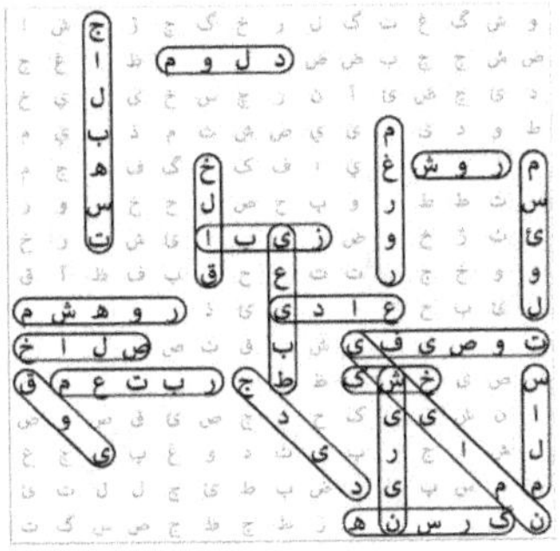

3 - Ingegneria

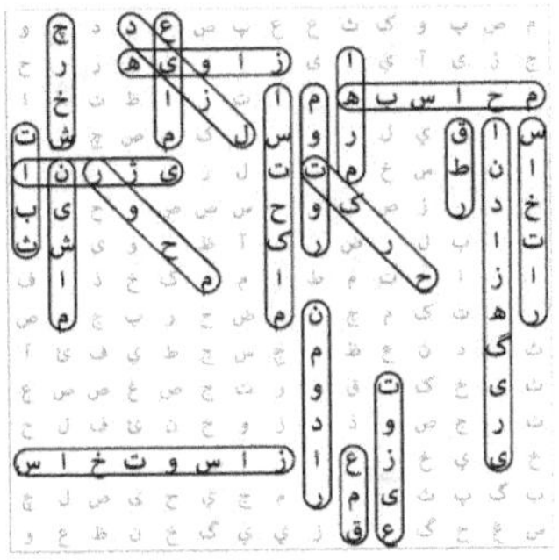

4 - Archeologia

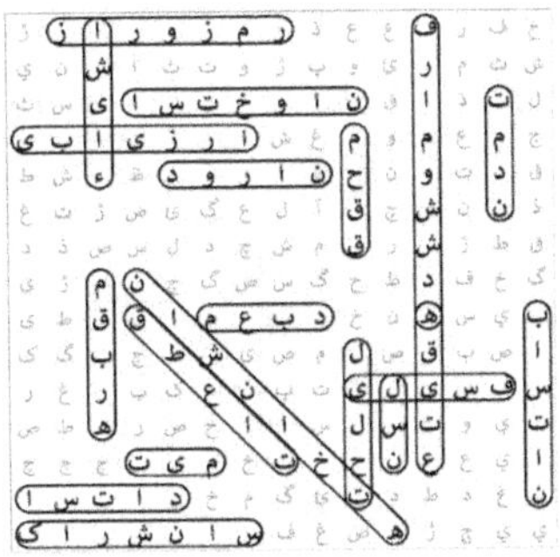

5 - Salute e Benessere #1

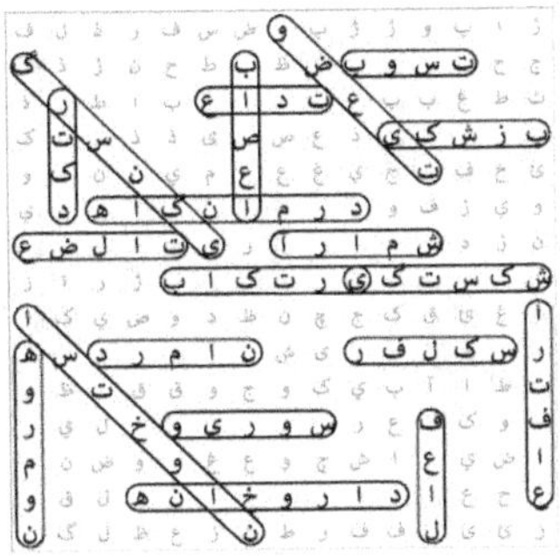

6 - Aggettivi #1

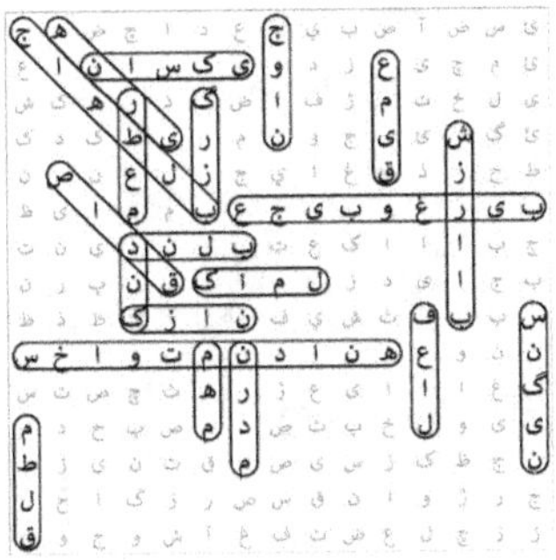

7 - Geologia

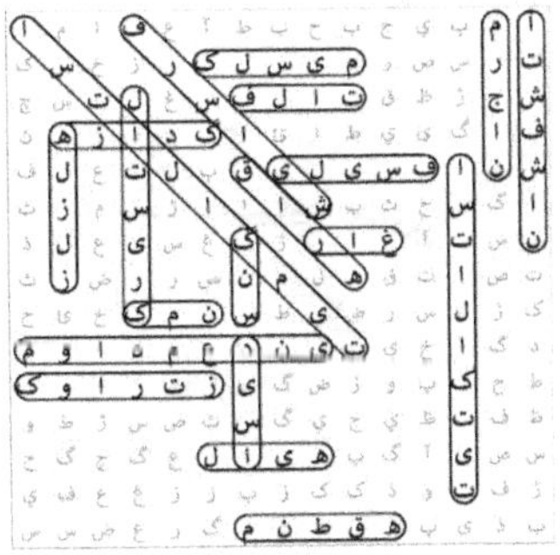

8 - Campeggio

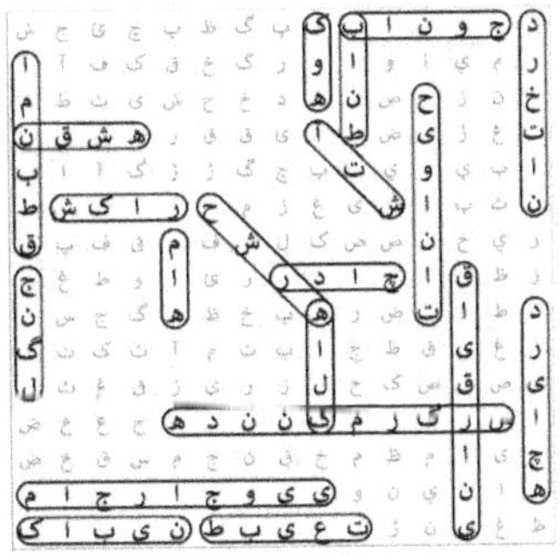

9 - Arti Visive

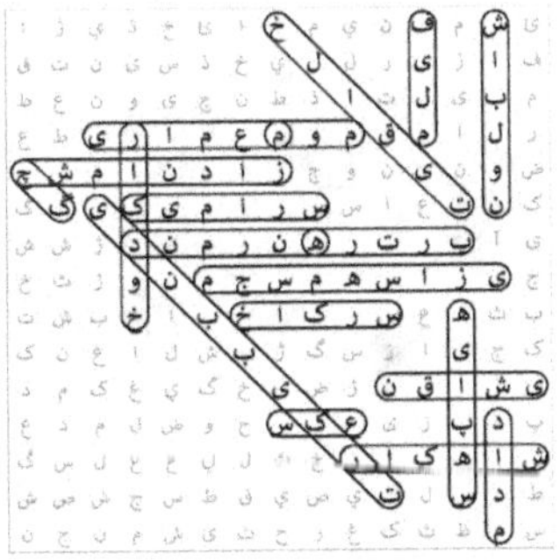

10 - Tempo

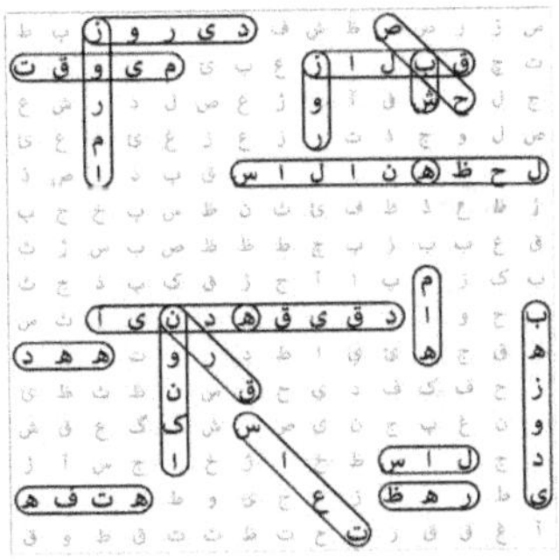

11 - Astronomia

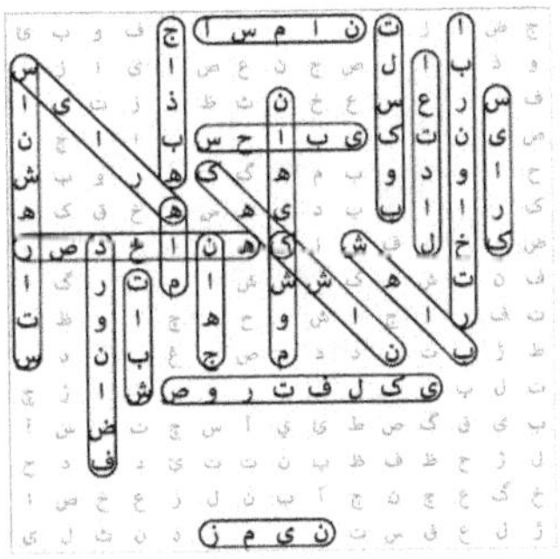

12 - Algebra

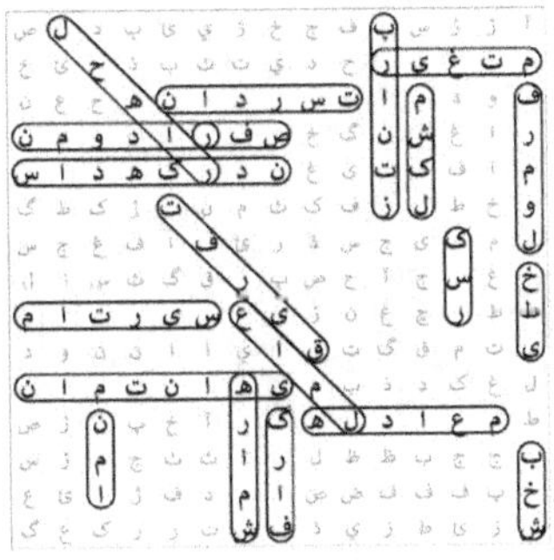

13 - Mitologia

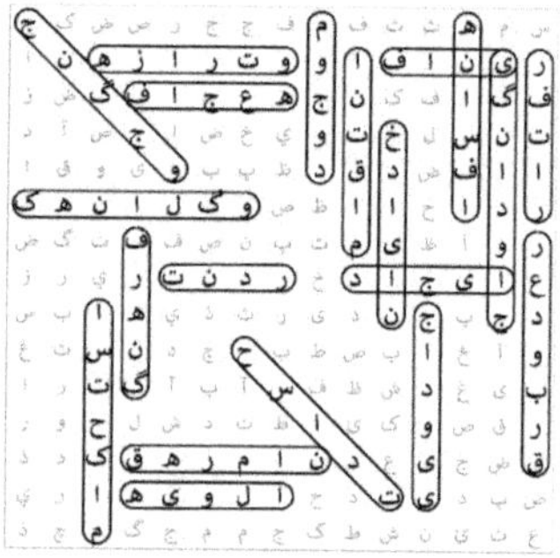

14 - Piante

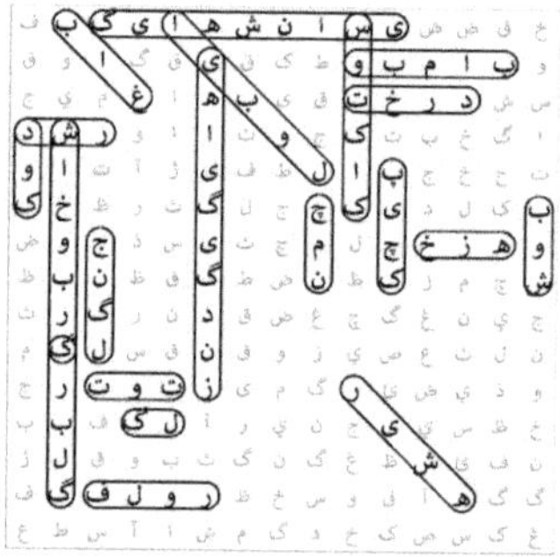

15 - Spezie

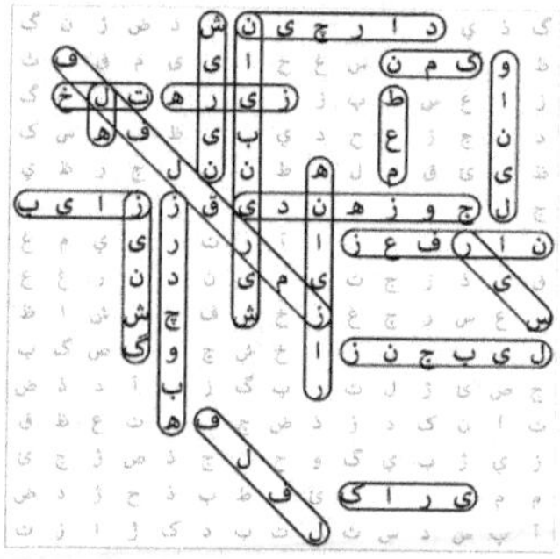

16 - Numeri

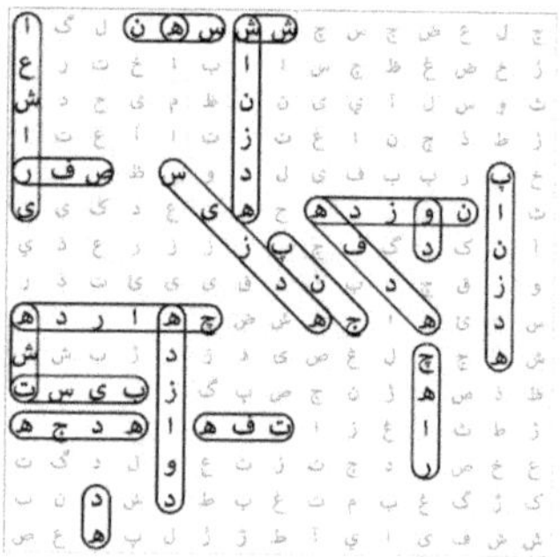

17 - Cioccolato

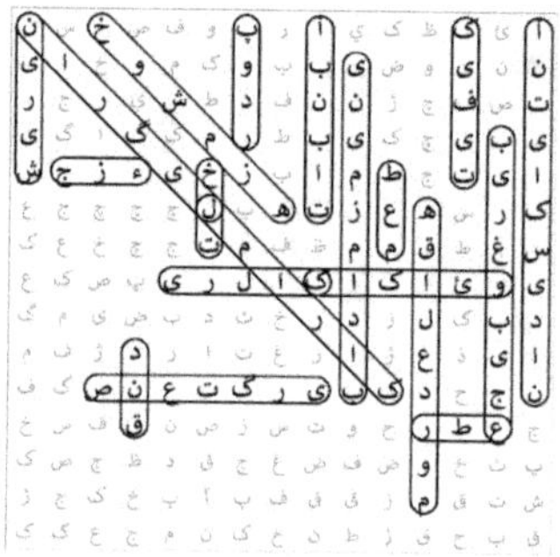

18 - Guida

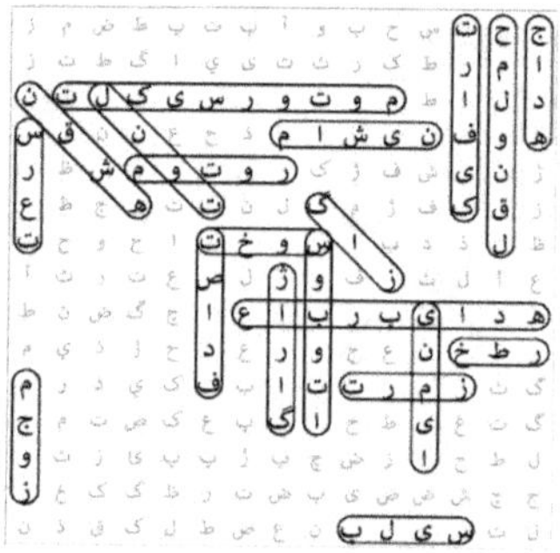

19 - I Media

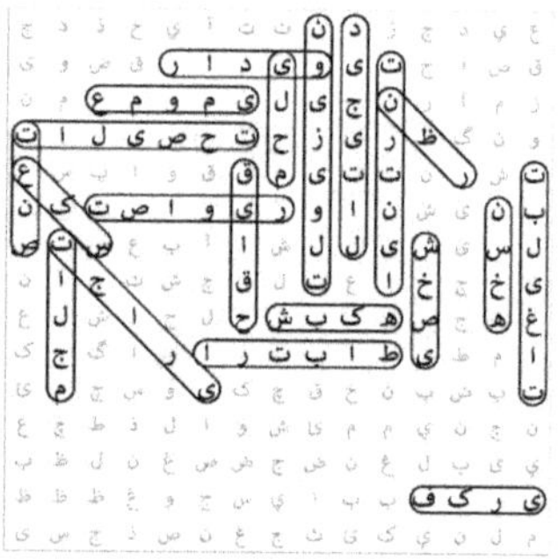

20 - Forza e Gravità

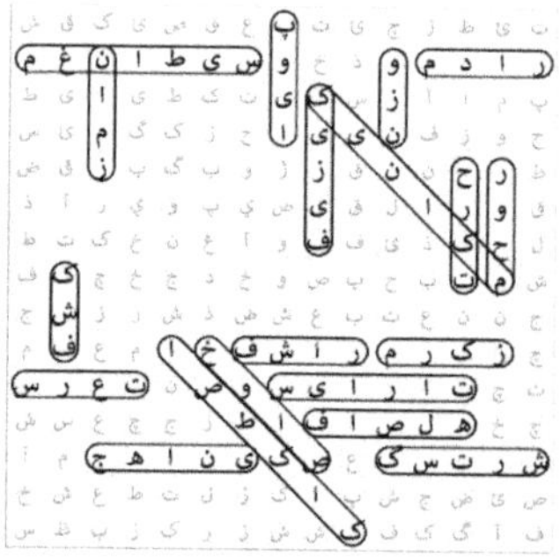

21 - Sport

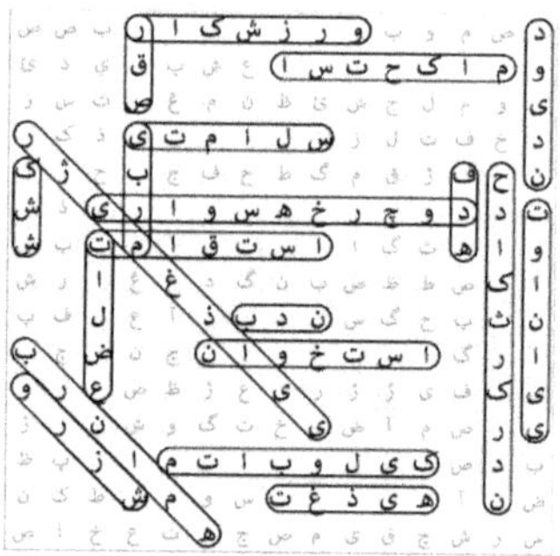

22 - Caffè

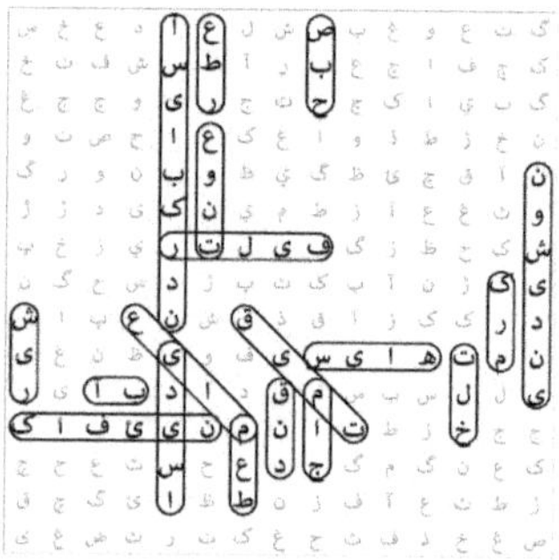

23 - Uccelli

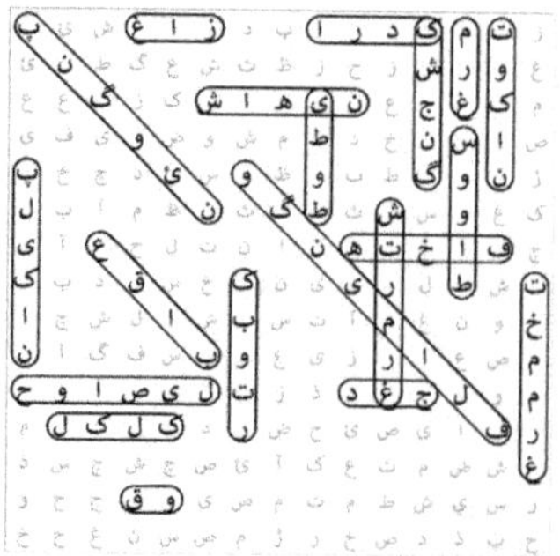

24 - Giorni e Mesi

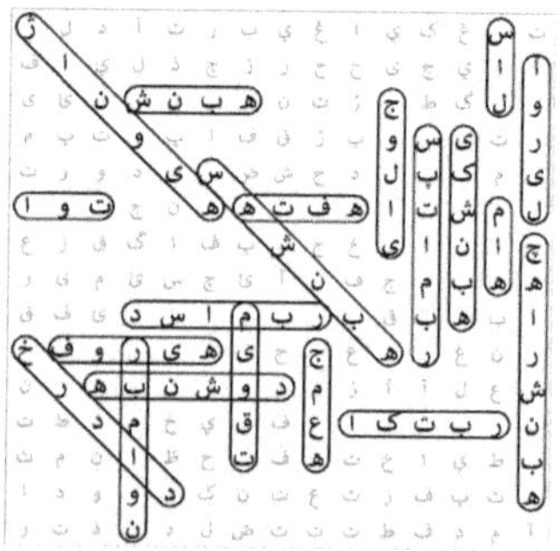

25 - Casa

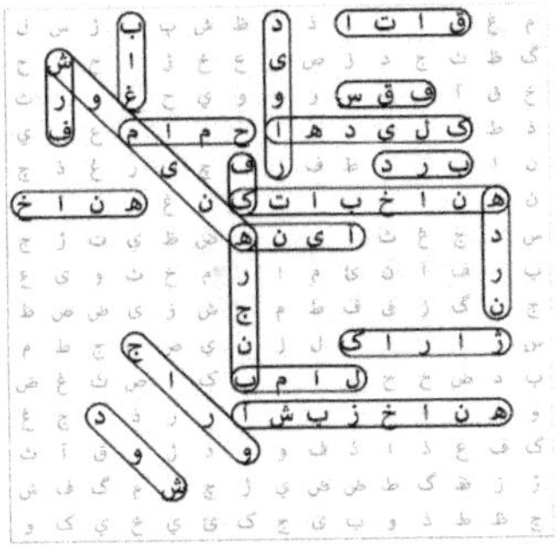

26 - Fantascienza

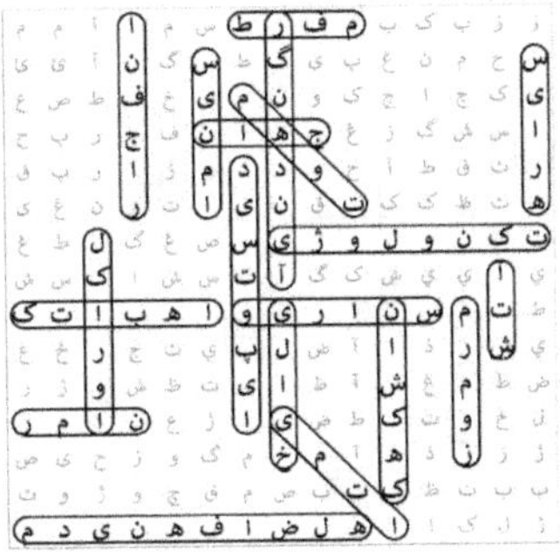

27 - Città

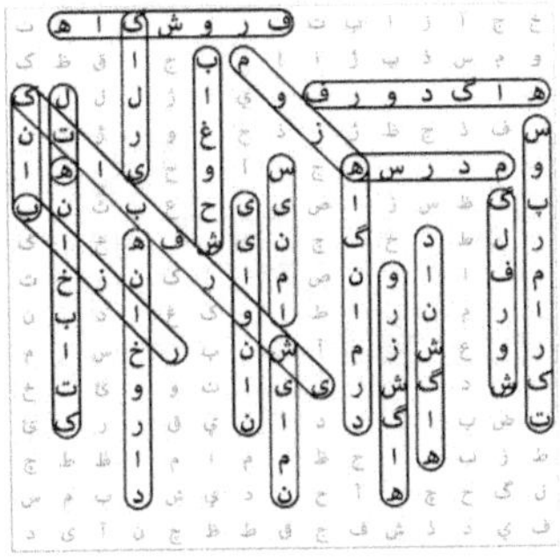

28 - Fattoria #1

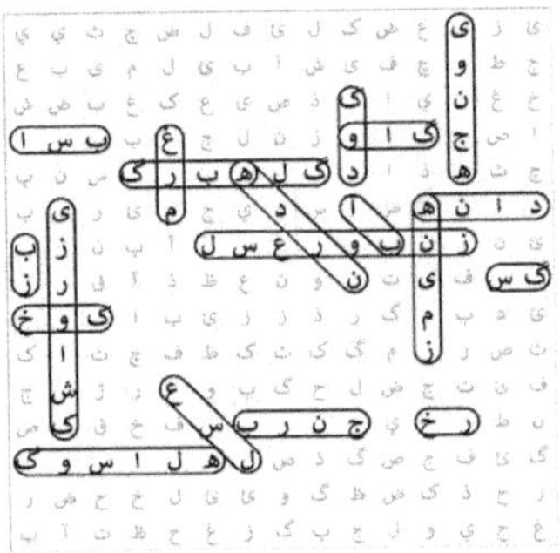

29 - Psicologia

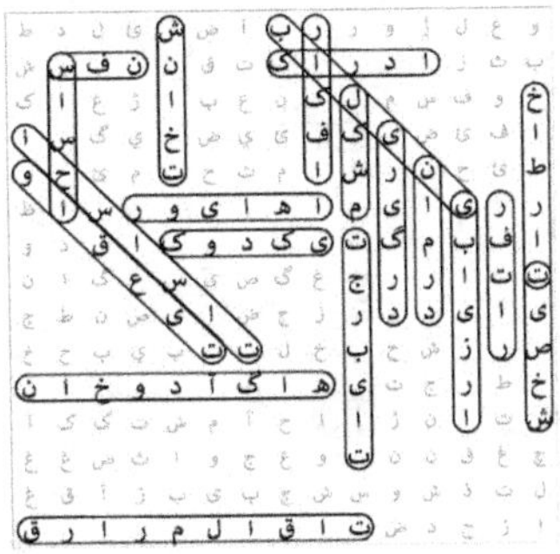

30 - Paesaggi

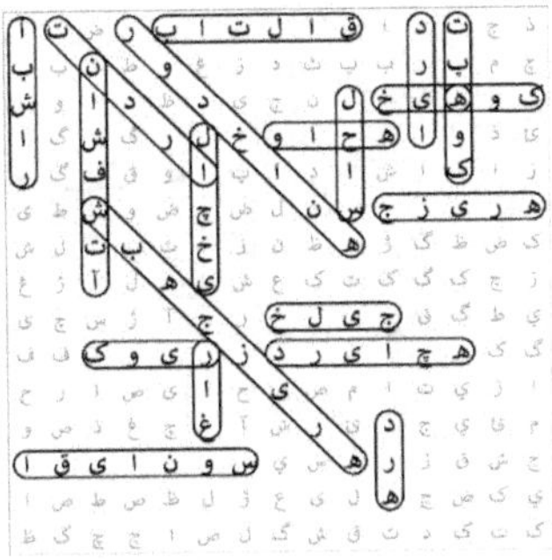

31 - Energia

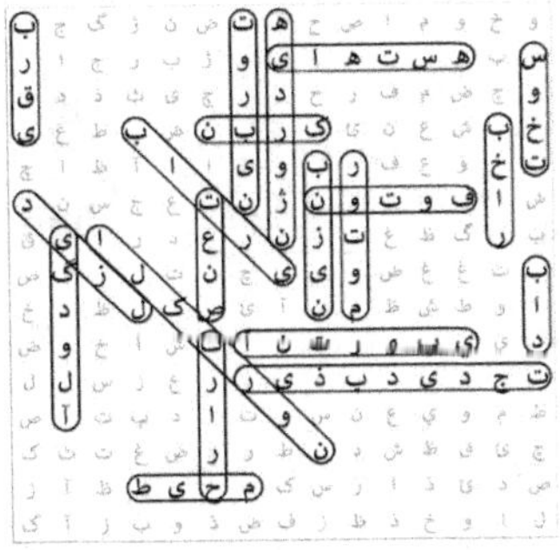

32 - Ristorante #2

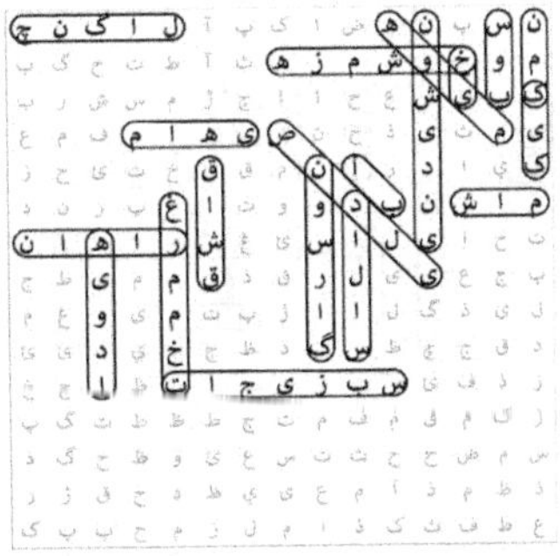

33 - Moda

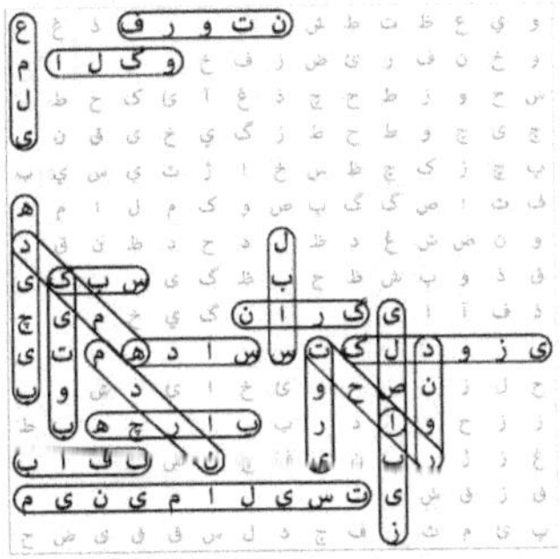

34 - L'Azienda

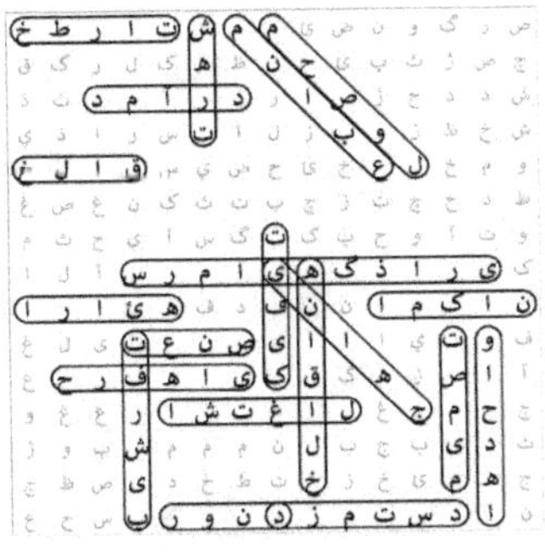

35 - Giardino

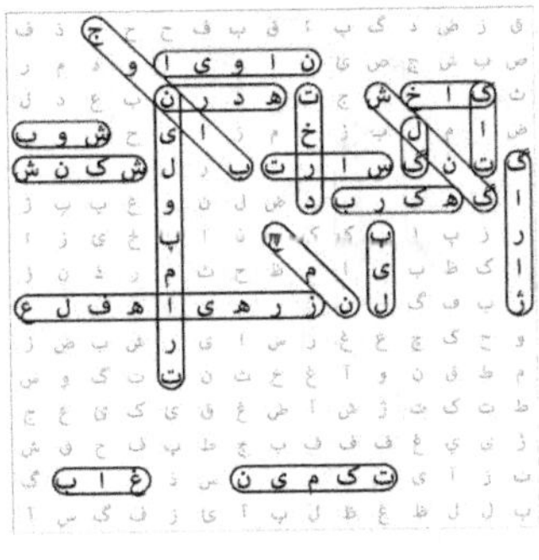

36 - Riscaldamento GI

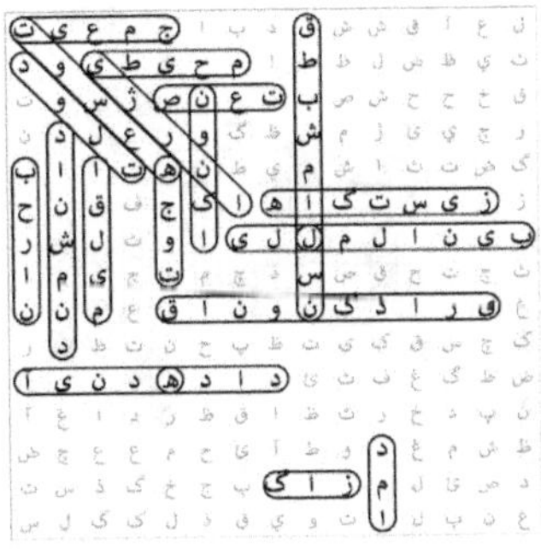

37 - Frutta

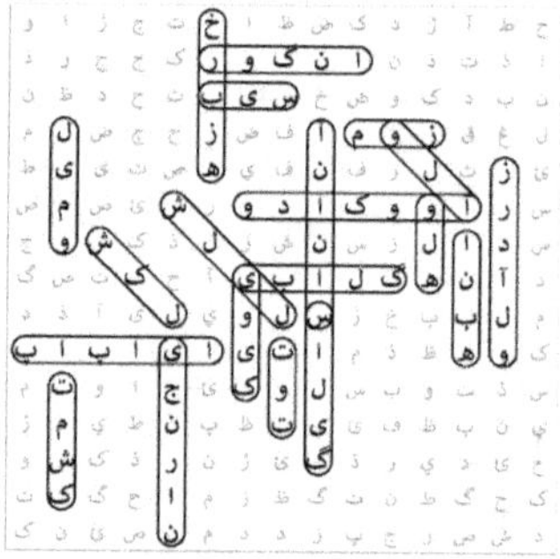

38 - Fattoria #2

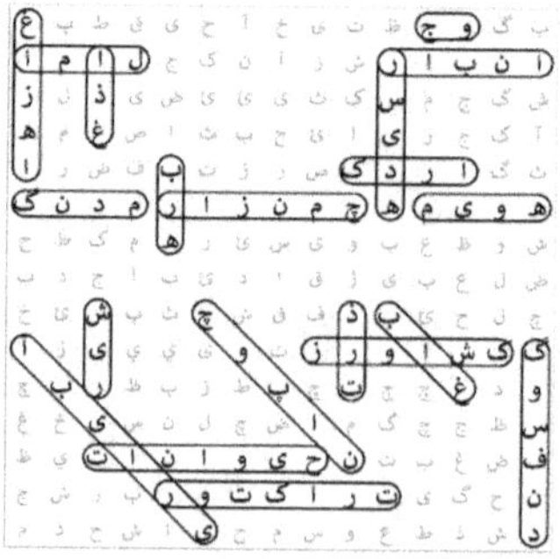

39 - Verdure

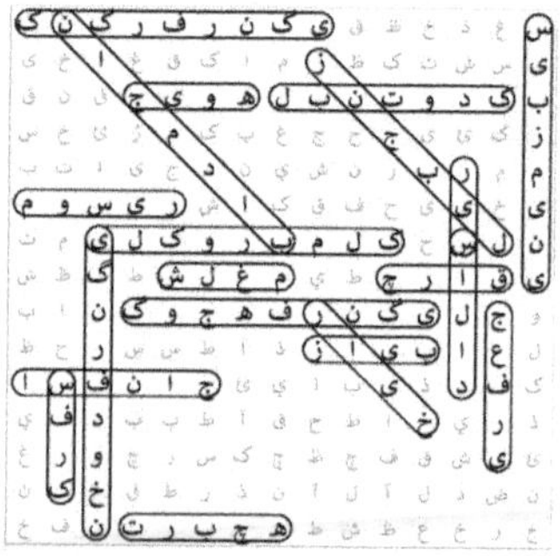

40 - Musica

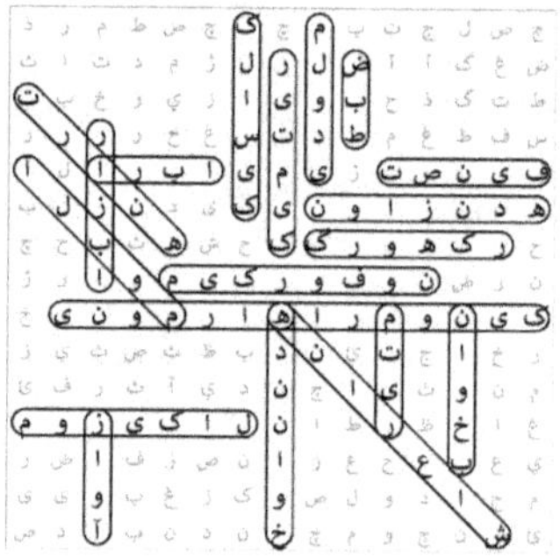

41 - Barbecue

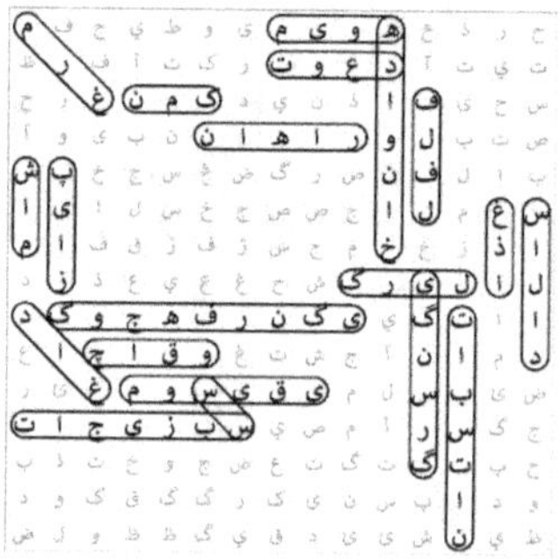

42 - Riempire

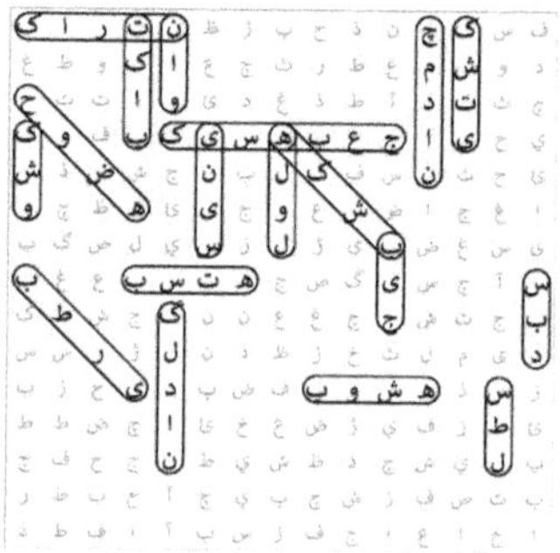

43 - Fisica

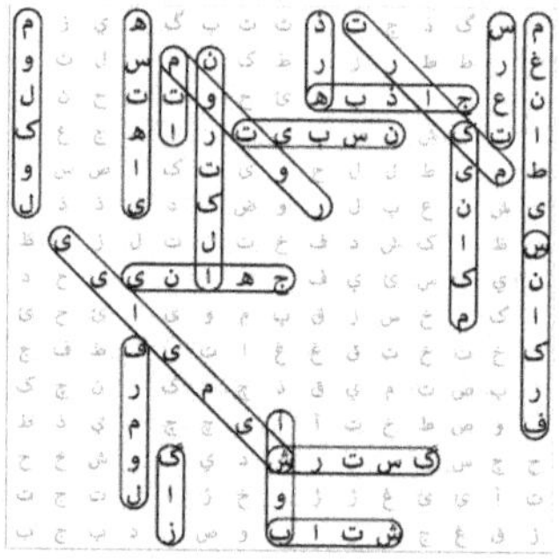

44 - Agronomia

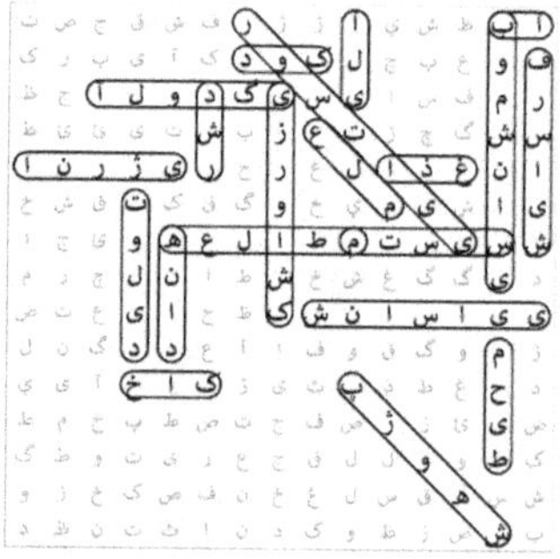

45 - Erboristeria

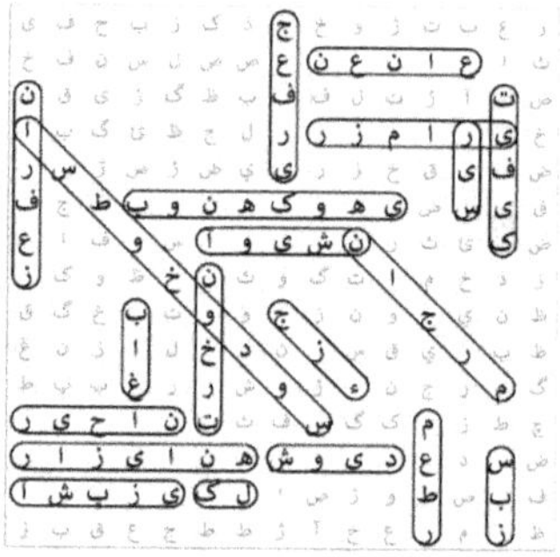

46 - Danza

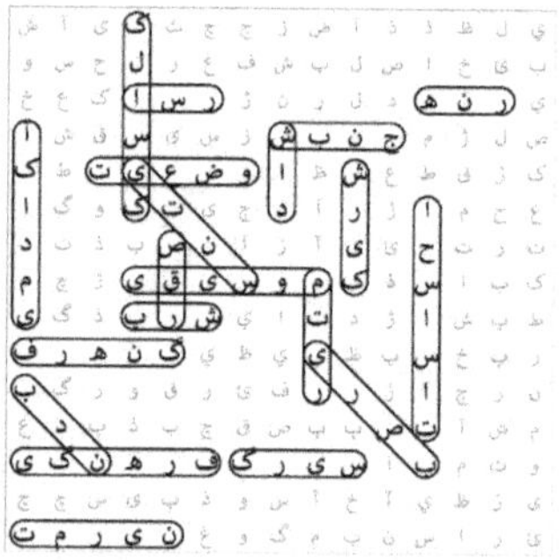

47 - Biologia

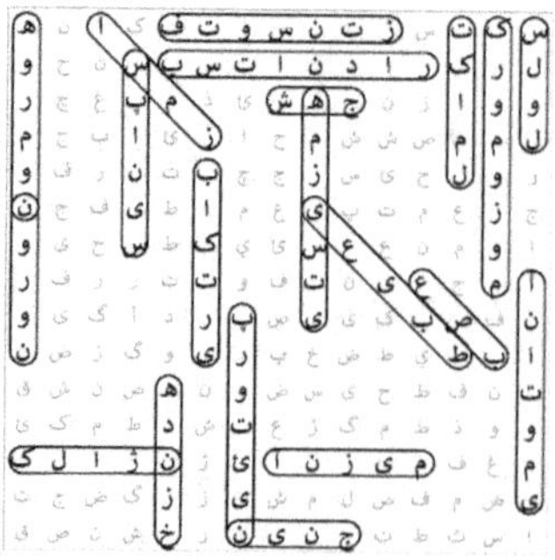

48 - Attività Commerciale

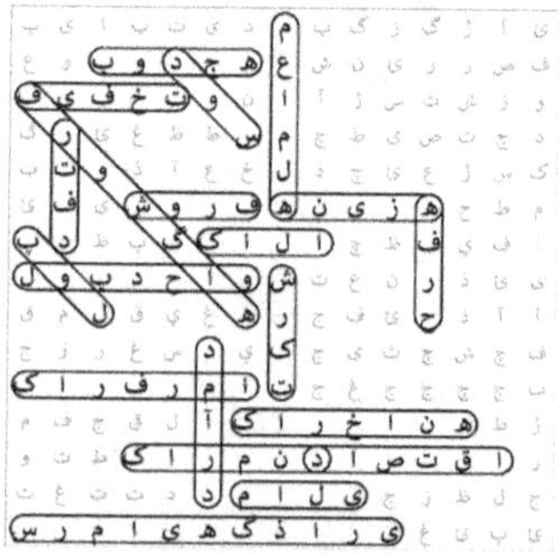

49 - Ecologia

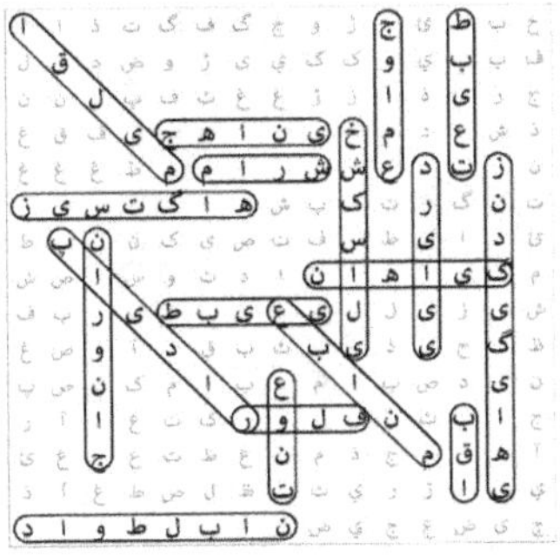

50 - Discipline Scientifiche

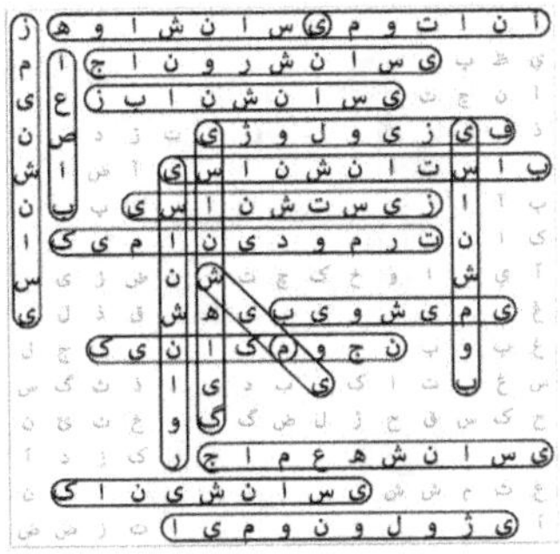

51 - Scienza

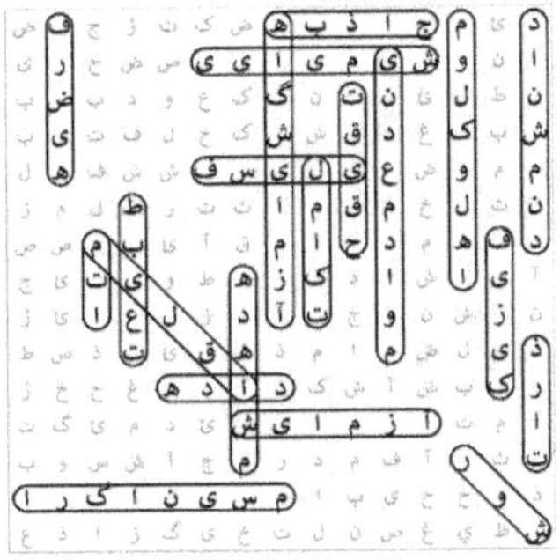

52 - Boxe

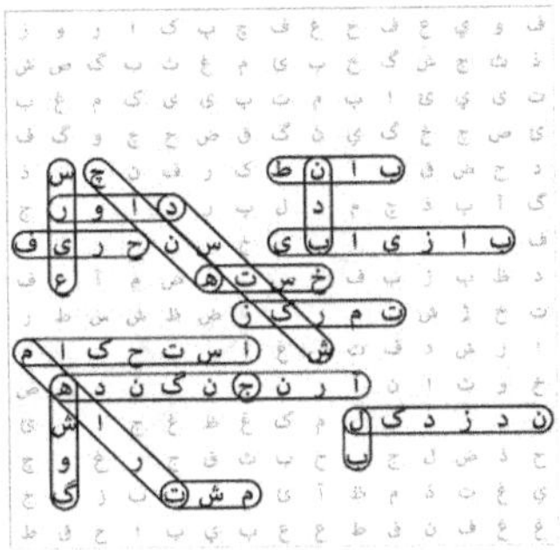

53 - Imbarcazioni

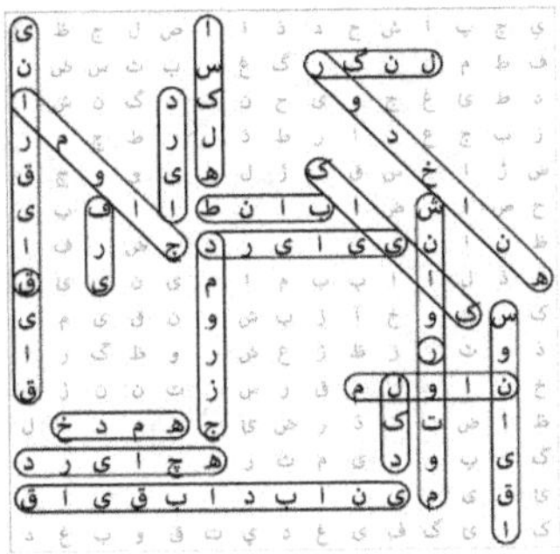

54 - Chimica

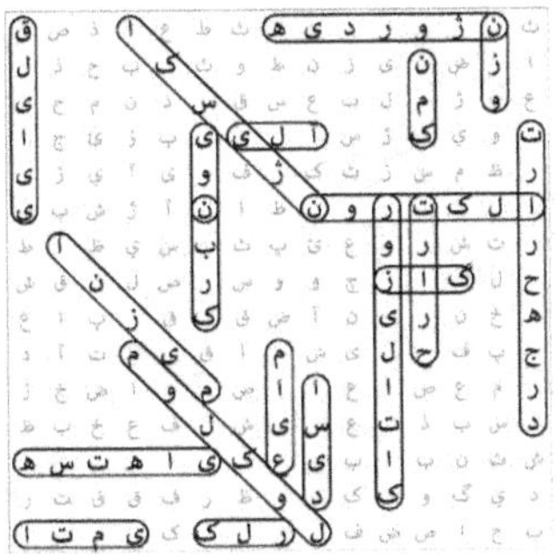

55 - Api

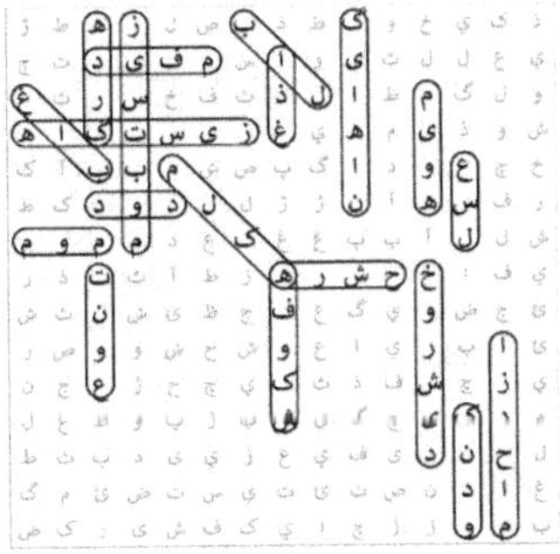

56 - Conservazione

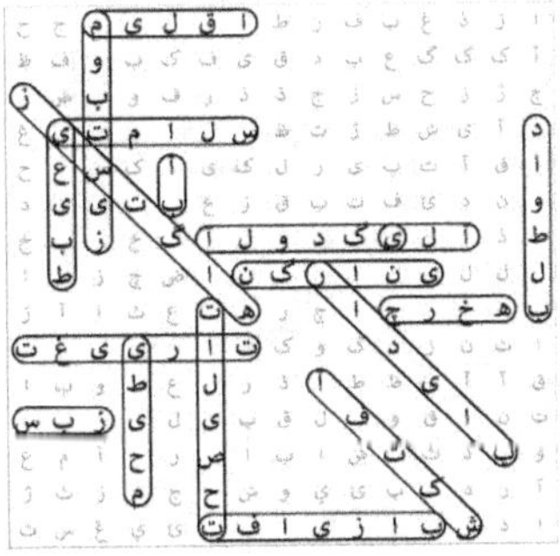

57 - Professioni #2

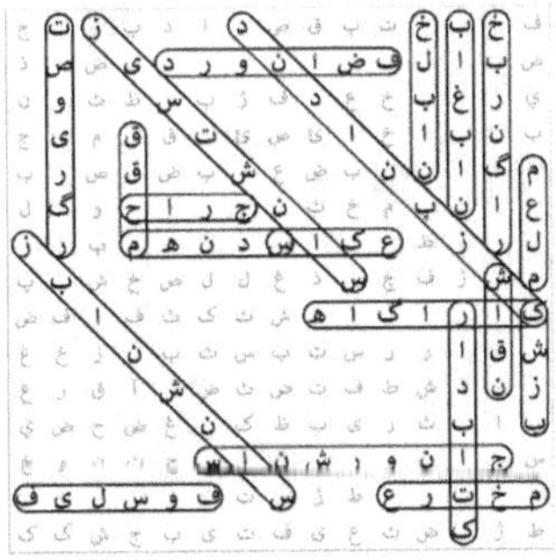

58 - Letteratura

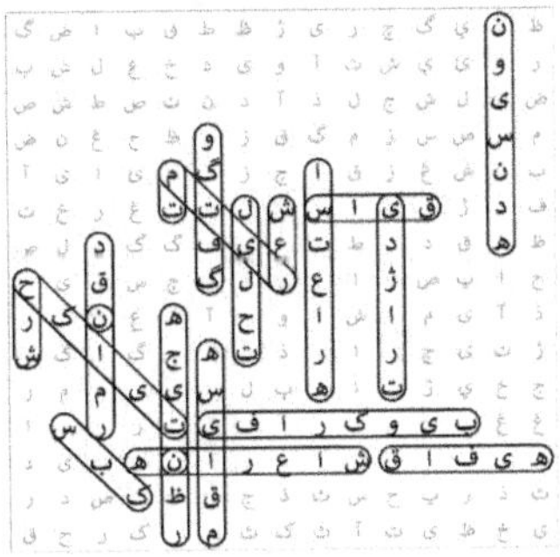

59 - Cibo #2

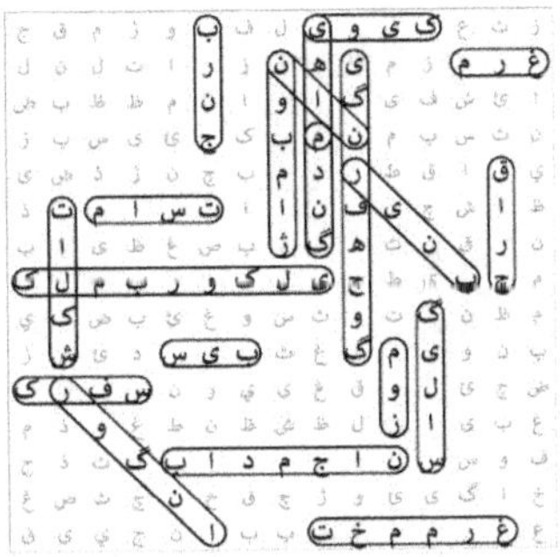

60 - Nutrizione

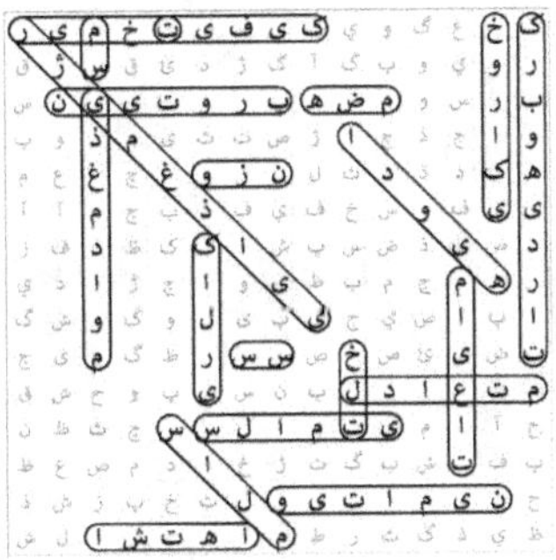

61 - Matematica

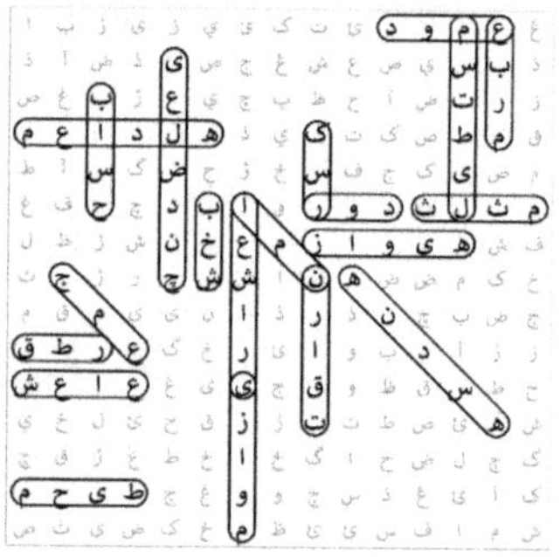

62 - Meditazione

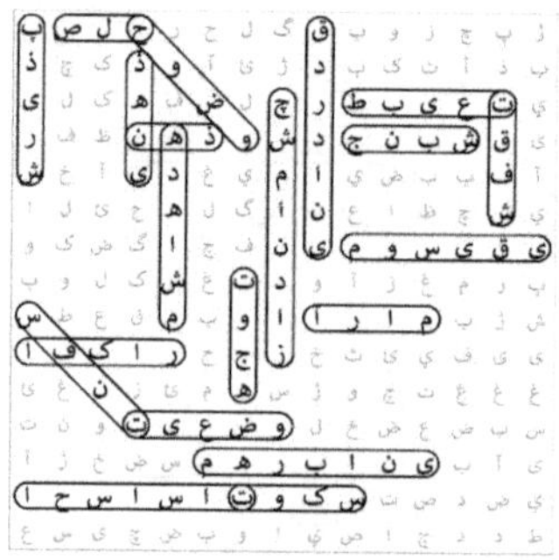

63 - Elettricità

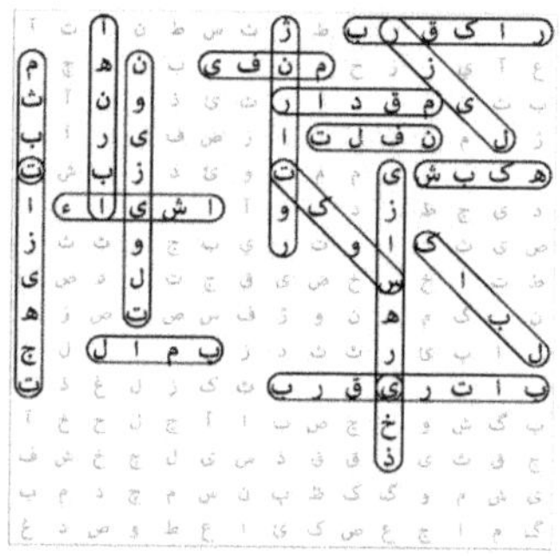

64 - Antiquariato

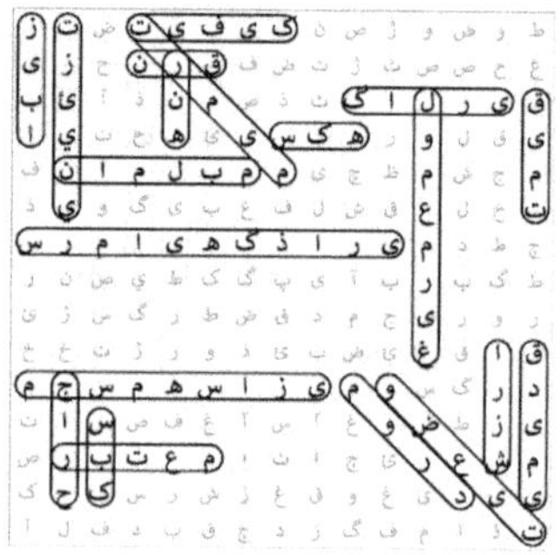

65 - Professioni #1

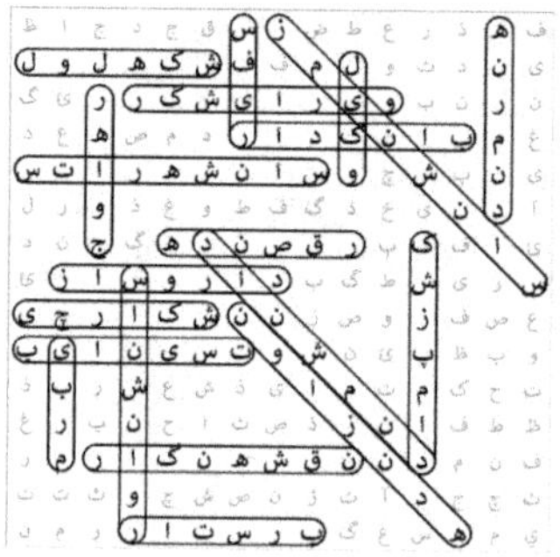

66 - Antartide

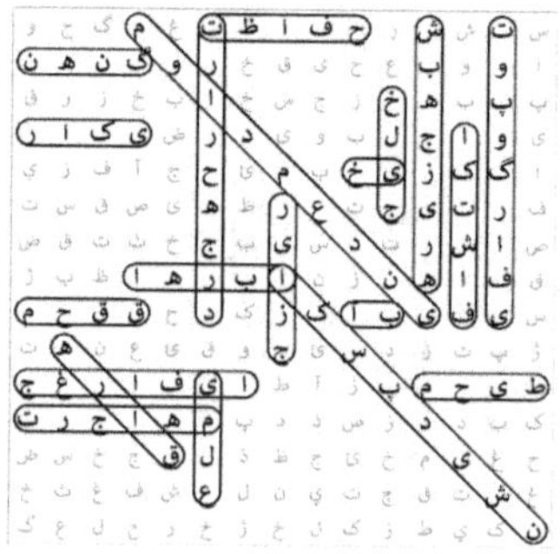

67 - Libri

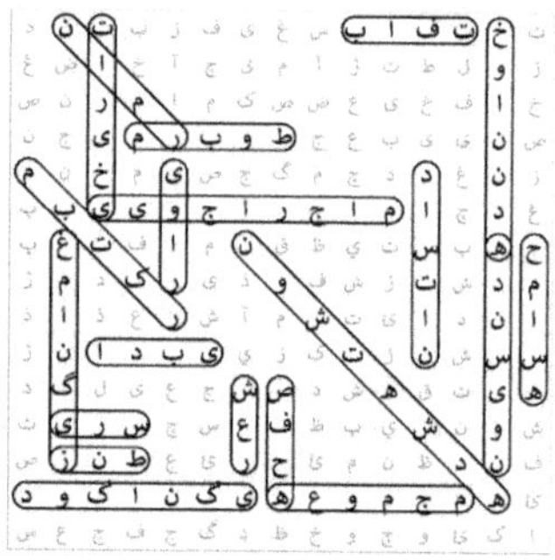

68 - Geografia

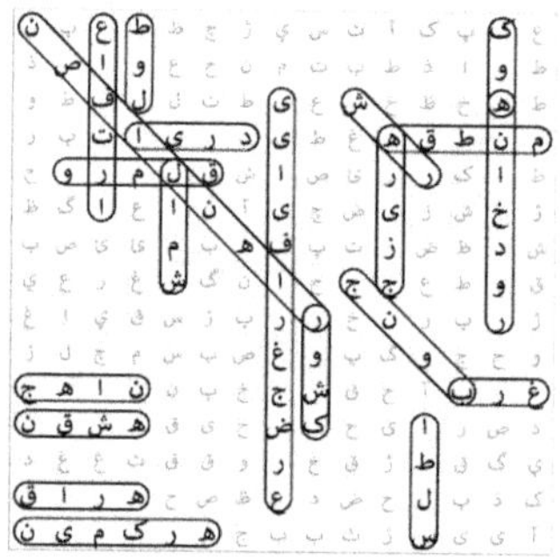

69 - Cibo #1

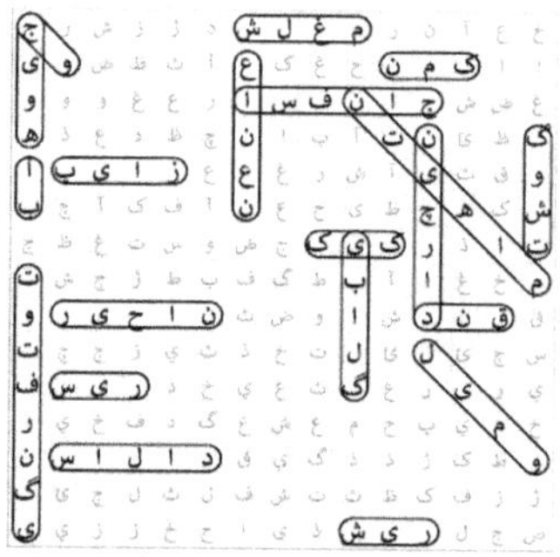

70 - Etica

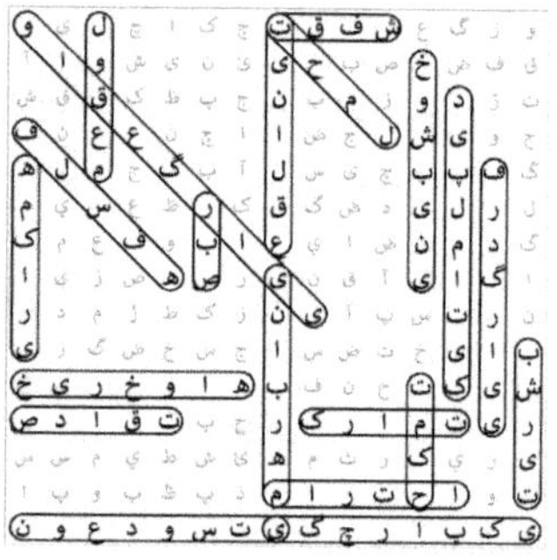

71 - Aeroplani

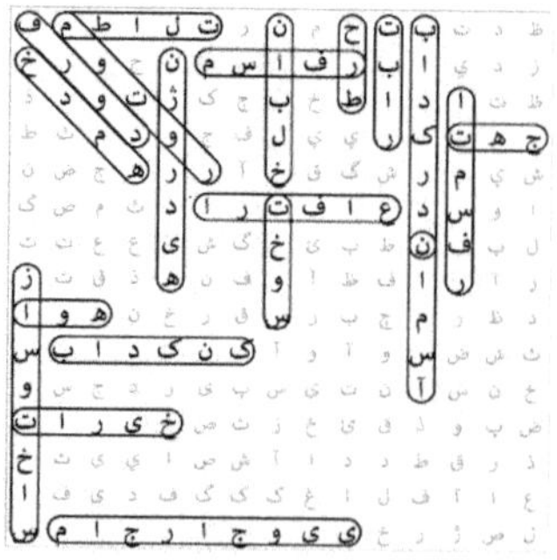

72 - Governo

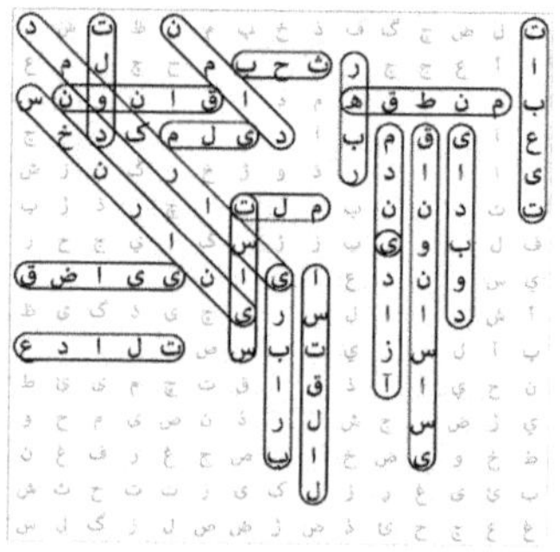

73 - Colori

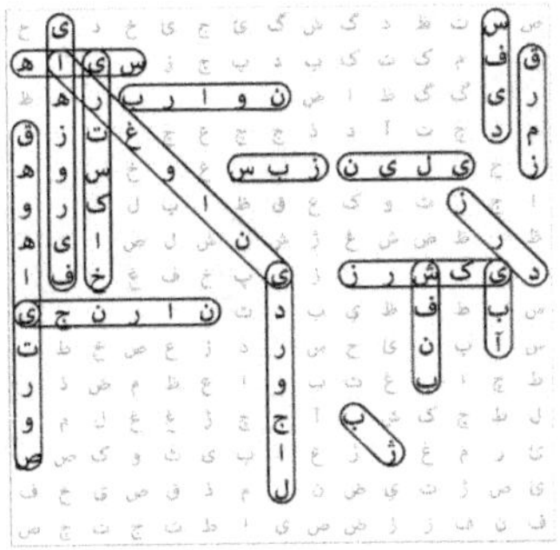

74 - Bellezza

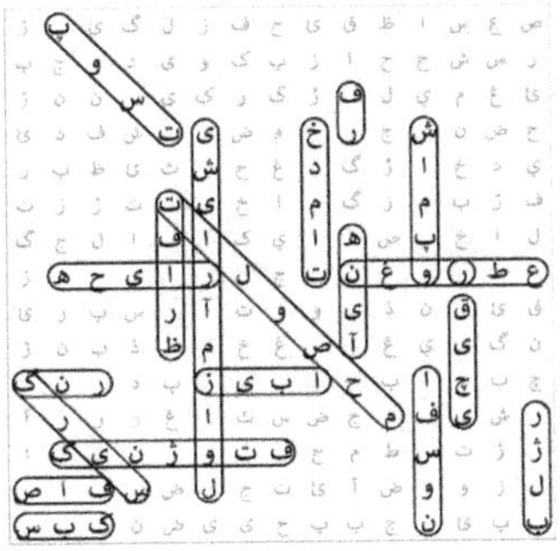

75 - Avventura

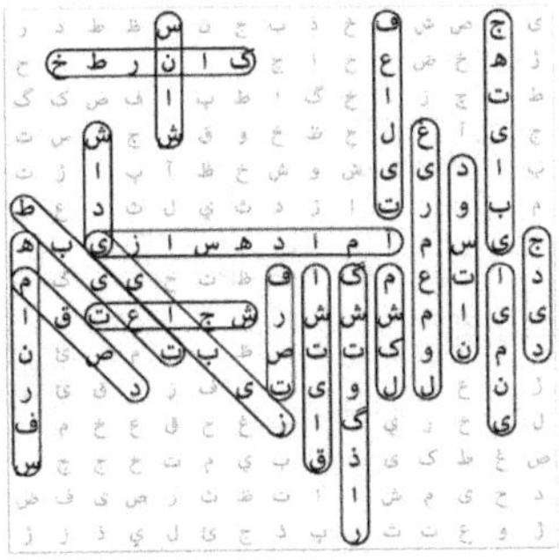

76 - Forme

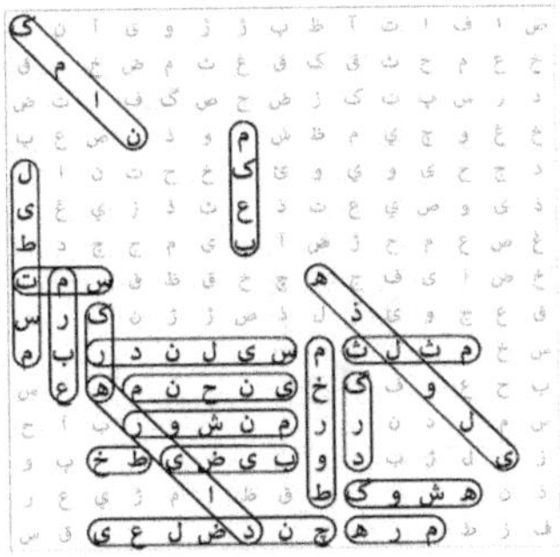

77 - Oceano

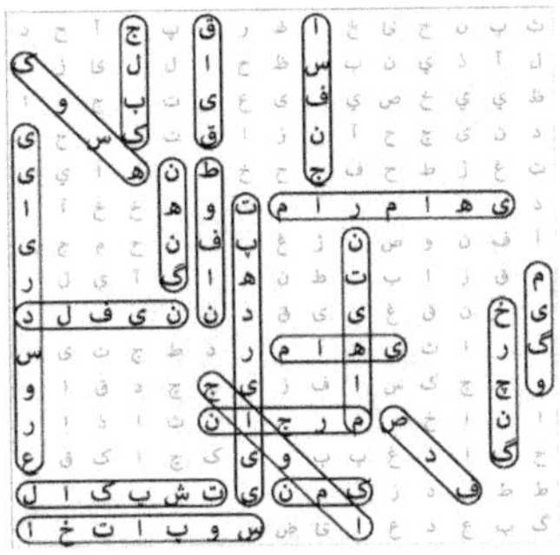

78 - Veicoli

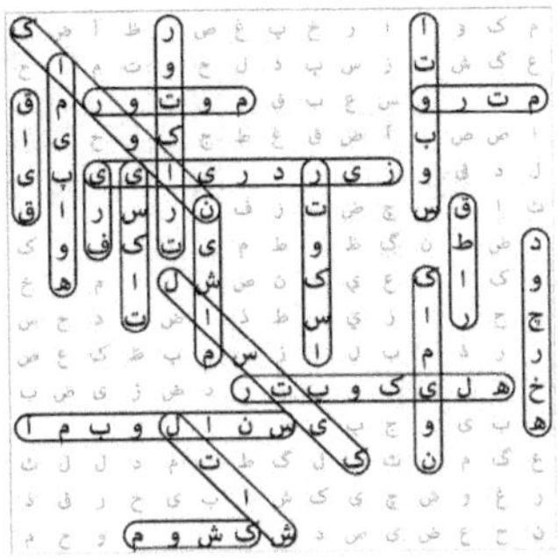

79 - Emozioni

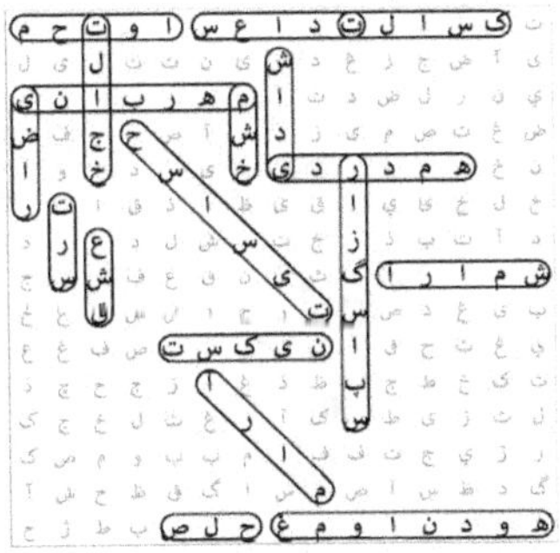

80 - Natura

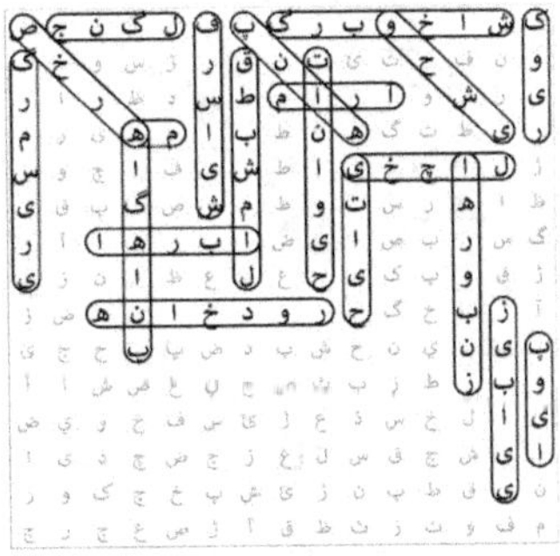

81 - Balletto

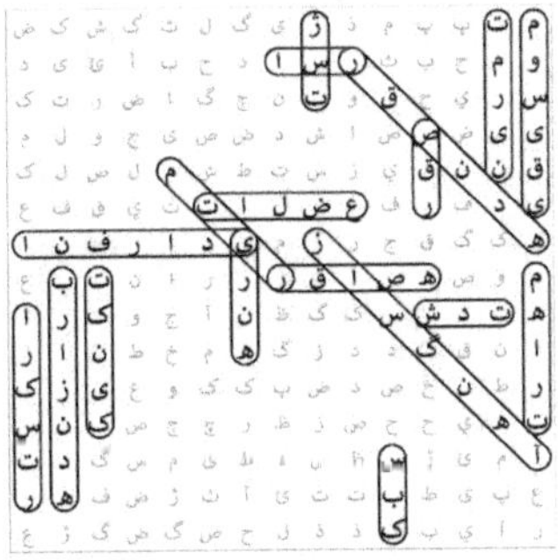

82 - Paesi #1

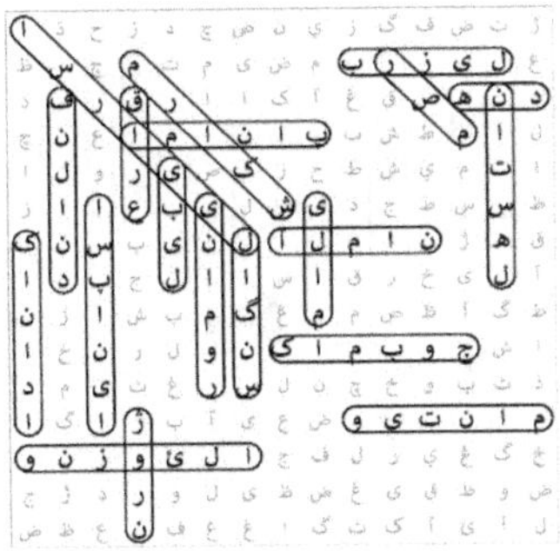

83 - Geometria

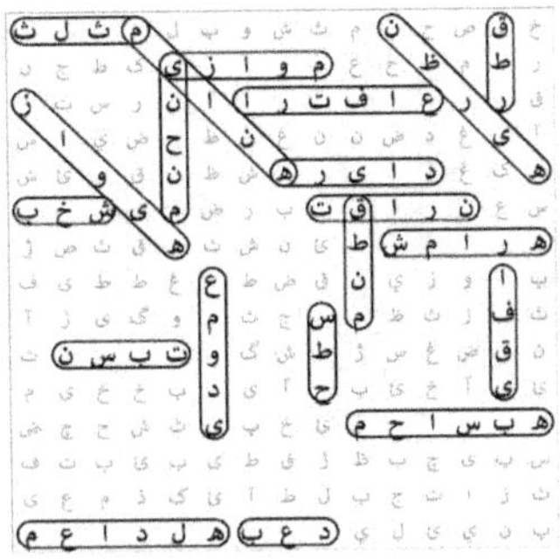

84 - Foresta Pluviale

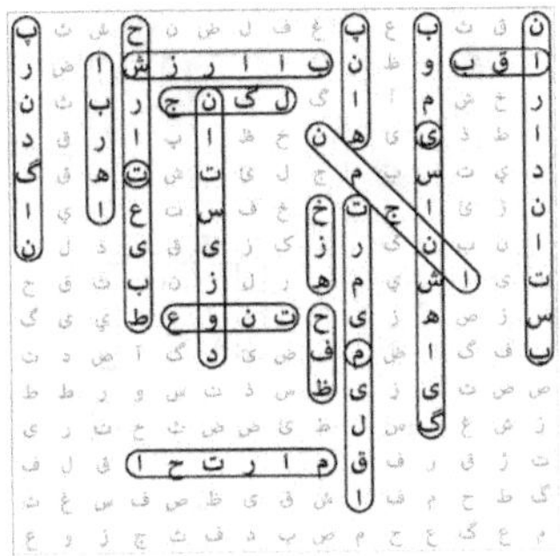

85 - Edifici

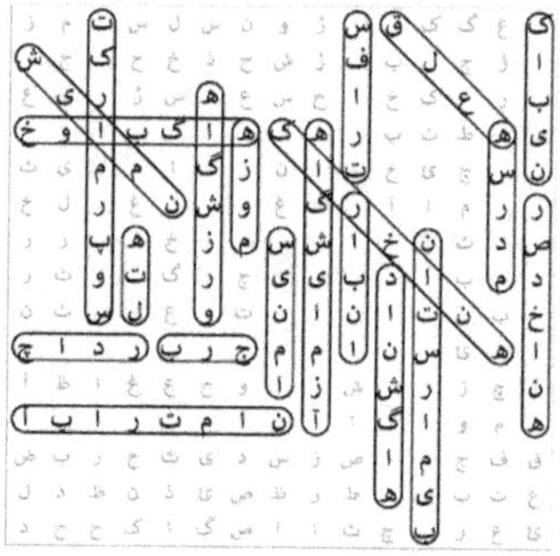

86 - Malattia

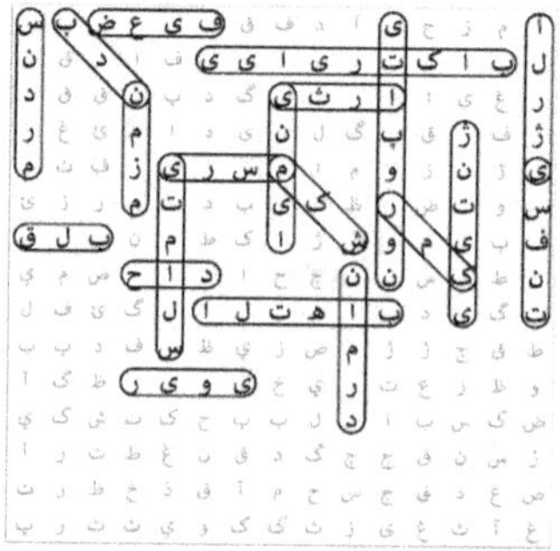

87 - Paesi #2

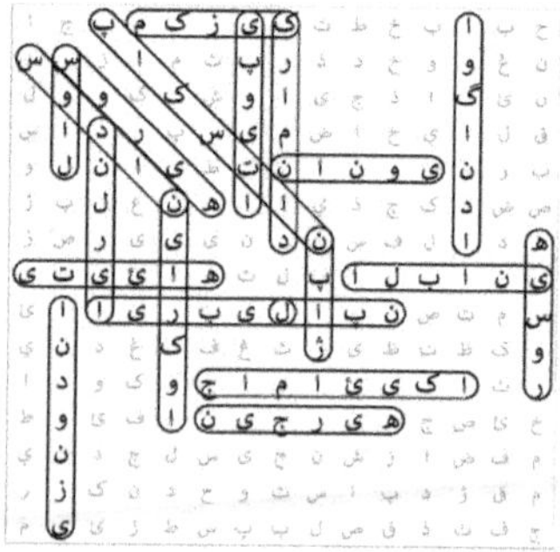

88 - Tipi di Capelli

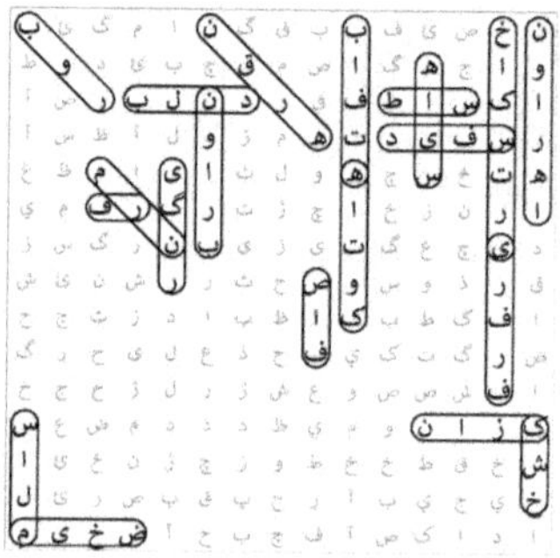

89 - Vestiti

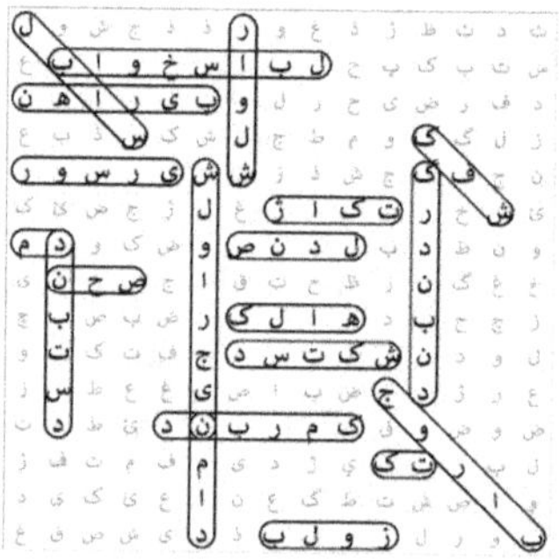

90 - Attività e Tempo Libero

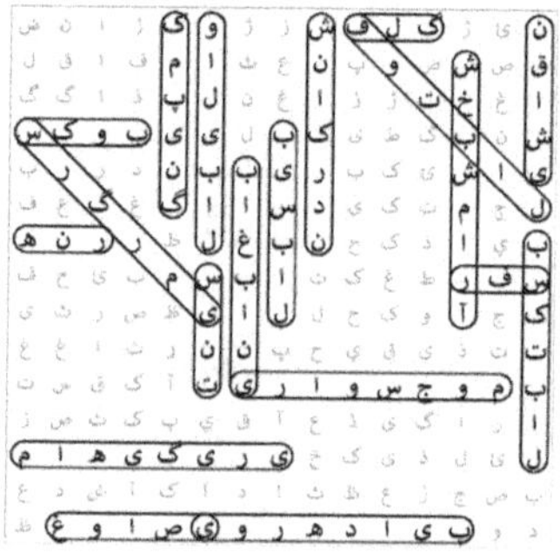

91 - Arte

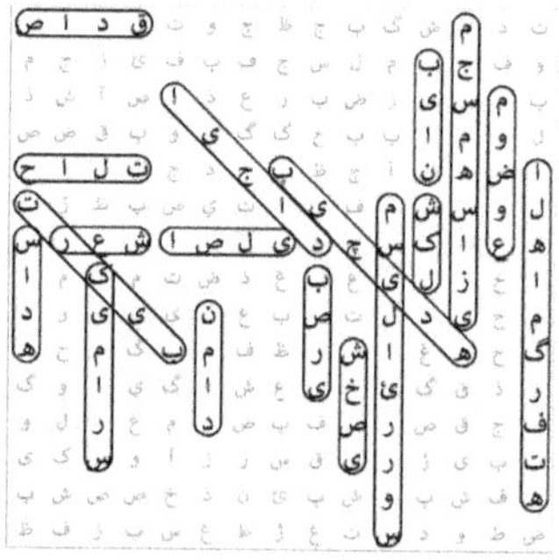

92 - Meteo

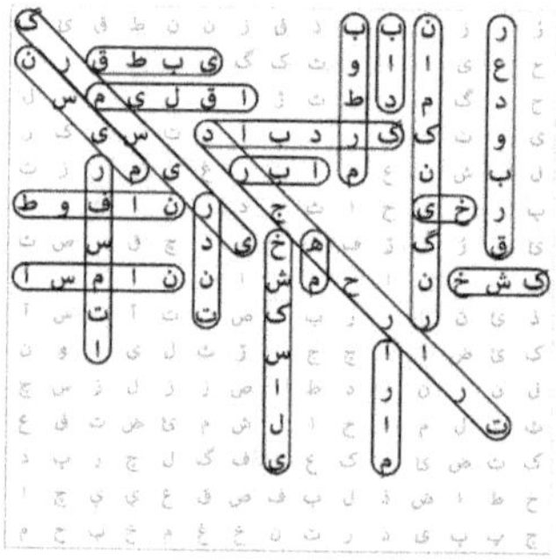

93 - Corpo Umano

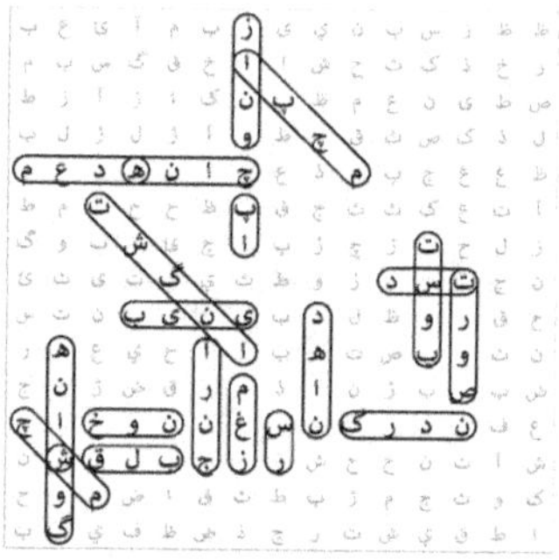

94 - Mammiferi

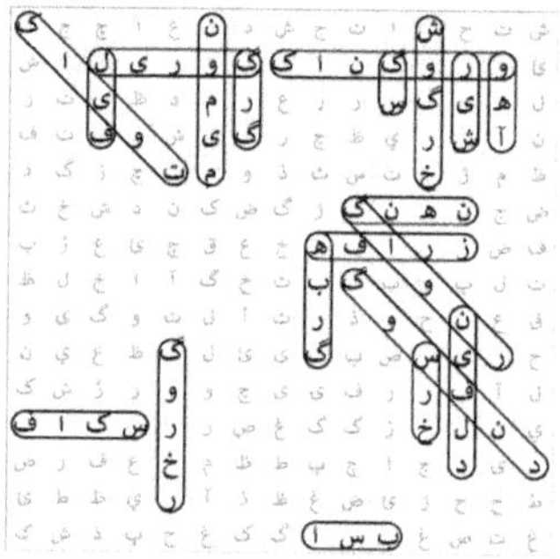

95 - Universo

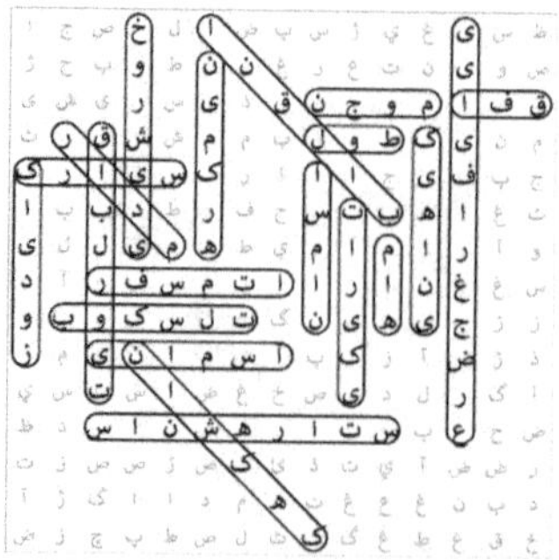

96 - Jazz

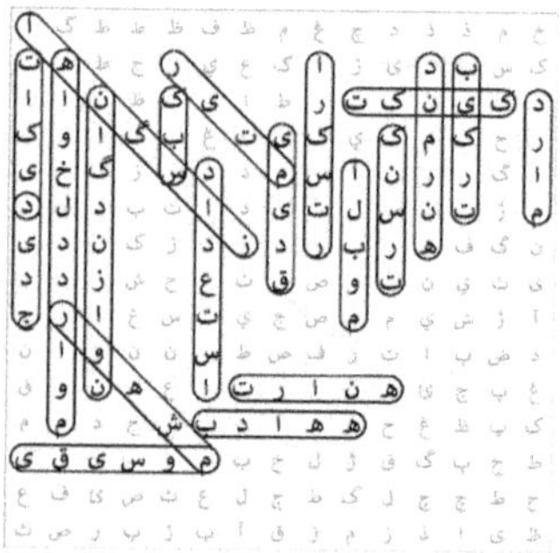

97 - Vacanze #2

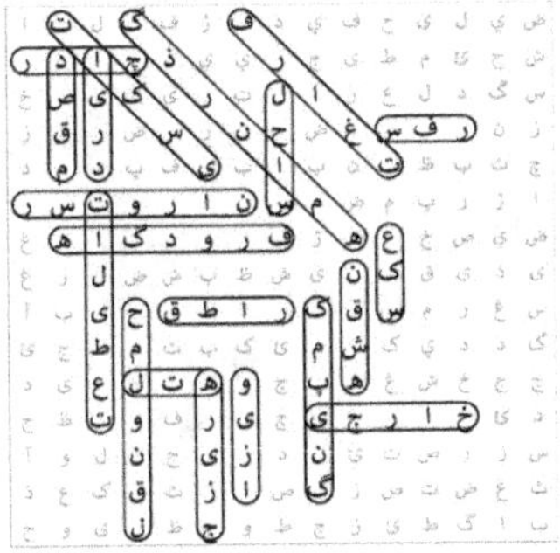

98 - Attività

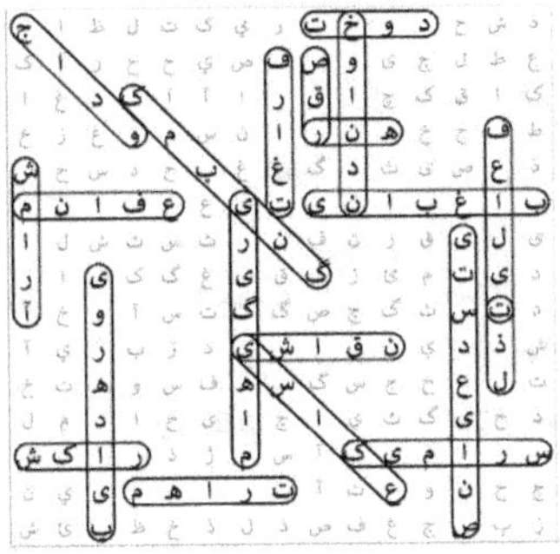

99 - Diplomazia

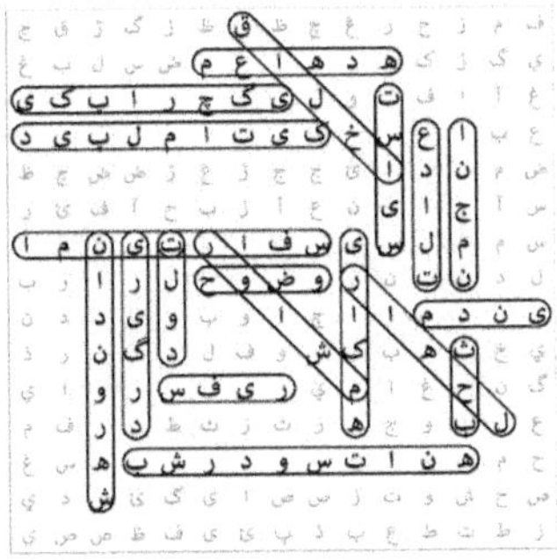

100 - Misurazioni

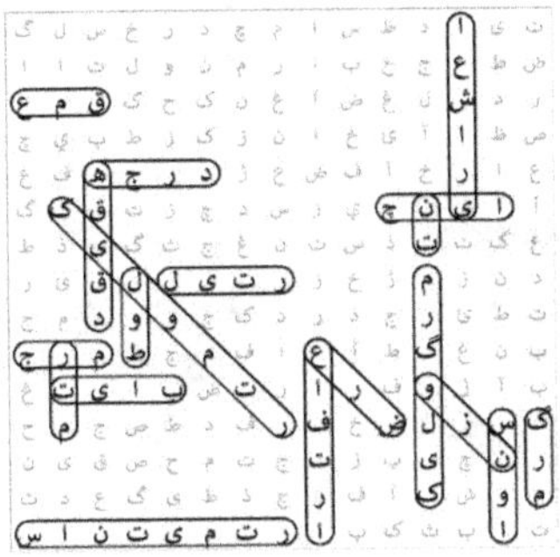

Dizionario

Aeroplani
اهامیپاوه

Altezza	عافترا
Aria	اوه
Atmosfera	رفسمتا
Atterraggio	دورف
Avventura	یوجارجام
Carburante	تخوس
Cielo	نامسآ
Costruzione	زاس و تخاس
Design	حرط
Direzione	تهج
Discesa	رابت
Equipaggio	همدخ
Gonfiare	ندرک داب
Idrogeno	نژوردیه
Motore	روتوم
Palloncino	کنکداب
Passeggero	رفاسم
Pilota	نابلخ
Storia	خیرات
Turbolenza	مطالت

Aggettivi #1
تفص #1

Ambizioso	بلط هاج
Aromatico	رطعم
Artistico	یرنه
Assoluto	قلطم
Attivo	لاعف
Enorme	گرزب
Esotico	بیرغ و بیجع
Generoso	هنادنمتواخس
Giovane	ناوج
Identico	ناسکی
Importante	مهم
Lento	دنک
Lungo	دنلب
Moderno	نردم
Onesto	قداص
Perfetto	لماک
Pesante	نیگنس
Prezioso	شزرا اب
Profondo	قیمع
Sottile	کزان

Aggettivi #2
تفص #2

Affamato	هنسرگ
Asciutto	کشخ
Autentico	ربتعم
Creativo	قالخ
Descrittivo	یفیصوت
Dolce	نیریش
Drammatico	یشیامن
Elegante	ابیز
Famoso	روهشم
Forte	یوق
Interessante	تسه بلاج
Naturale	یعیبط
Normale	یداع
Nuovo	دیدج
Orgoglioso	رورغم
Produttivo	دلوم
Puro	صلاخ
Responsabile	لوئسم
Salato	روش
Sano	ملاس

Agronomia
تعارز

Acqua	بآ
Agricoltura	یزروواشک
Ambiente	طیحم
Cibo	اذغ
Crescita	دشر
Ecologia	یسانش موب
Energia	یژرنا
Erosione	شیاسرف
Fertilizzante	دوک
Identificazione	ییاسانش
Inquinamento	یگدولآ
Organico	یلآ
Produzione	دیلوت
Ricerca	شهوژپ
Rurale	ییاتسور
Scienza	ملع
Semi	هناد
Sistemi	متسیس
Studio	هعلاطم
Suolo	کاخ

Algebra
ربج

Diagramma	رادومن
Divisione	شخب
Equazione	هلداعم
Esponente	امن
Falso	تسردان
Fattore	لماع
Formula	لومرف
Frazione	رسک
Grafico	فارگ
Infinito	یهانتمان
Lineare	یطخ
Matrice	سیرتام
Numero	هرامش
Parentesi	زتنارپ
Problema	لکشم
Semplificare	ندرک هداس
Soluzione	لح هار
Sottrazione	قیرفت
Variabile	ریغتم
Zero	رفص

Antartide
بونج بطق

Acqua	بآ
Ambiente	طیحم
Baia	جیلخ
Balene	گنهن
Conservazione	تظافح
Continente	هراق
Esplorazione	فاشتکا
Geografia	ایفارغج
Ghiaccio	خی
Isole	ریازج
Migrazione	ترجاهم
Minerali	یندعم داوم
Nuvole	اهربا
Penisola	هریزج هبش
Ricercatore	قّقحم
Roccioso	یکار
Scientifico	یملع
Spedizione	نشیدپسکا
Temperatura	ترارح هجرد
Topografia	یفارگوپوت

Antiquariato
عتیقه جات

Arte	هنر
Articolo	مورد
Asta	حراج
Autentico	معتبر
Condizione	وضعیت
Decorativo	تزئینی
Elegante	زیبا
Galleria	گالری
Insolito	غیر معمول
Investimento	سرمایه گذاری
Mobilio	مبلمان
Monete	سکه
Prezzo	قیمت
Qualità	کیفیت
Restauro	ترمیم
Scultura	مجسمه سازی
Secolo	قرن
Stile	سبک
Valore	ارزش
Vecchio	قدیمی

Api
زنبورها

Ali	بال
Alveare	کندو
Benefico	مفید
Cera	موم
Cibo	غذا
Diversità	تنوع
Ecosistema	زیست بوم
Fiorire	شکوفه
Frutta	میوه
Fumo	دود
Giardino	باغ
Habitat	زیستگاه
Insetto	حشره
Miele	عسل
Piante	گیاهان
Polline	گرده
Regina	ملکه
Sciame	ازدحام
Sole	خورشید

Archeologia
باستان شناسی

Analisi	تحلیل
Antichità	باستان
Civiltà	تمدن
Dimenticato	فراموش شده
Discendente	نسل
Era	دوران
Esperto	کارشناس
Fossile	فسیلی
Frammenti	قطعات
Mistero	رمز و راز
Oggetti	اشیاء
Ossa	استخوان
Professore	استاد
Reliquia	عتیقه
Ricercatore	محقق
Sconosciuto	ناشناخته
Squadra	تیم
Tempio	معبد
Tomba	مقبره
Valutazione	ارزیابی

Arte
هنر

Ceramica	سرامیک
Complesso	پیچیده
Composizione	ترکیب
Creare	ایجاد
Espressione	بیان
Figura	شکل
Ispirato	الهام گرفته
Onesto	صادق
Originale	اصلی
Personale	شخصی
Poesia	شعر
Scultura	مجسمه سازی
Semplice	ساده
Simbolo	نماد
Soggetto	موضوع
Surrealismo	سوررئالیسم
Umore	حالت
Visivo	بصری

Arti Visive
هنرهای تجسمی

Architettura	معماری
Argilla	خاک رس
Artista	هنرمند
Capolavoro	شاهکار
Cavalletto	سه پایه
Cera	موم
Ceramica	سرامیک
Composizione	ترکیب بندی
Creatività	خلاقیت
Film	فیلم
Fotografia	عکس
Gesso	گچ
Matita	مداد
Penna	خودکار
Pittura	نقاشی
Prospettiva	چشم انداز
Ritratto	پرتره
Scultura	مجسمه سازی
Stampino	شابلون

Astronomia
اخترشناسی

Asteroide	سیارک
Astronauta	فضانورد
Astronomo	ستاره شناس
Cielo	آسمان
Cosmo	کیهان
Costellazione	صورت فلکی
Equinozio	اعتدال
Galassia	کهکشان
Gravità	جاذبه
Luna	ماه
Meteora	شهاب
Nebulosa	سحابی
Osservatorio	رصدخانه
Pianeta	سیاره
Radiazione	تابش
Razzo	موشک
Supernova	ابرنواختر
Telescopio	تلسکوپ
Terra	زمین
Universo	جهان

Attività
فعالیت ها

Abilità	مهارت
Arte	هنر
Artigianato	صنایع دستی
Attività	فعالیت
Caccia	شکار
Campeggio	کمپینگ
Ceramica	سرامیک
Cucire	دوخت
Danza	رقص
Escursioni	پیاده روی
Fotografia	عکاسی
Giardinaggio	باغبانی
Interessi	منافع
Lettura	خواندن
Magia	جادو
Pesca	ماهیگیری
Piacere	لذت
Pittura	نقاشی
Rilassamento	آرامش
Tempo Libero	فراغت

Attività Commerciale
کسب و کار

Bilancio	بودجه
Carriera	حرفه
Costo	هزینه
Datore di Lavoro	کارفرما
Dipendente	کارمند
Economia	اقتصاد
Fabbrica	کارخانه
Finanza	مالی
Investimento	سرمایه گذاری
Merce	کالا
Negozio	فروشگاه
Profitto	سود
Reddito	درآمد
Sconto	تخفیف
Società	شرکت
Soldi	پول
Transazione	معامله
Ufficio	دفتر
Valuta	واحد پول
Vendita	فروش

Attività e Tempo Libero
فعالیت ها و اوقات فراغت

Arte	هنر
Baseball	بیسبال
Basket	بسکتبال
Boxe	بوکس
Calcio	فوتبال
Campeggio	کمپینگ
Escursioni	پیاده روی
Giardinaggio	باغبانی
Golf	گلف
Hobby	سرگرمی
Immersione	غواصی
Nuoto	شنا کردن
Pallavolo	والیبال
Pesca	ماهیگیری
Pittura	نقاشی
Rilassante	آرامش بخش
Surf	موج سواری
Tennis	تنیس
Viaggio	سفر

Avventura
ماجراجویی

Amici	دوستان
Attività	فعالیت
Bellezza	زیبایی
Caso	شانس
Coraggio	شجاعت
Destinazione	مقصد
Difficoltà	مشکل
Entusiasmo	اشتیاق
Escursione	گشت و گذار
Gioia	شادی
Insolito	غیر معمول
Itinerario	سفرنامه
Natura	طبیعت
Navigazione	جهت یابی
Nuovo	جدید
Opportunità	فرصت
Pericoloso	خطرناک
Preparazione	آماده سازی
Sicurezza	ایمنی

Balletto
باله

Abilità	مهارت
Artistico	هنری
Assolo	انفرادی
Ballerina	رقاصه
Ballerini	رقصنده
Compositore	آهنگساز
Coreografia	رقص
Espressivo	رسا
Gesto	ژست
Grazioso	برازنده
Intensità	شدت
Muscoli	عضلات
Musica	موسیقی
Orchestra	ارکستر
Pratica	تمرین
Ritmo	ریتم
Stile	سبک
Tecnica	تکنیک

Barbecue
کباب کردن

Caldo	داغ
Cena	شام
Cibo	غذا
Cipolle	پیاز
Coltelli	چاقو
Estate	تابستان
Fame	گرسنگی
Famiglia	خانواده
Frutta	میوه
Griglia	گریل
Insalate	سالاد
Invito	دعوت
Musica	موسیقی
Pepe	فلفل
Pollo	مرغ
Pomodori	گوجه فرنگی
Pranzo	ناهار
Sale	نمک
Salsa	سس
Verdure	سبزیجات

Bellezza
زیبایی

Colore	رنگ
Cosmetici	لوازم آرایشی
Elegante	زیبا
Eleganza	ظرافت
Fascino	افسون
Forbici	قیچی
Fotogenico	فتوژنیک
Fragranza	عطر
Grazia	گریس
Liscio	صاف
Oli	روغن
Pelle	پوست
Prodotti	محصولات
Profumo	رایحه
Riccioli	فر
Rossetto	رژ لب
Servizi	خدمات
Shampoo	شامپو
Specchio	آینه
Stilista	سبک

Biologia
زیست شناسی

Anatomia	آناتومی
Batteri	باکتری
Cellula	سلول
Collagene	کلاژن
Cromosoma	کروموزوم
Embrione	جنین
Enzima	آنزیم
Evoluzione	تکامل
Fotosintesi	فتوسنتز
Mammifero	پستاندار
Mutazione	جهش
Naturale	طبیعی
Nervo	عصب
Neurone	نورون
Ormone	هورمون
Osmosi	اسمز
Proteina	پروتئین
Rettile	خزنده
Simbiosi	همزیستی
Sinapsi	سیناپس

Boxe
مشت زنی

Abilità	مهارت
Angolo	گوشه
Arbitro	داور
Avversario	حریف
Calcio	لگد زدن
Campana	بل
Combattente	جنگنده
Corde	طناب
Corpo	بدن
Esaurito	خسته
Forza	استحکام
Fuoco	تمرکز
Gomito	آرنج
Guanti	دستکش
Mento	چانه
Pugno	مشت
Rapido	سریع
Recupero	بازیابی

Caffè
قهوه

Acido	اسیدی
Acqua	آب
Amaro	تلخ
Aroma	عطر
Bevanda	نوشیدنی
Caffeina	کافئین
Crema	کرم
Filtro	فیلتر
Gusto	طعم
Latte	شیر
Liquido	مایع
Macinare	آسیاب کردن
Mattina	صبح
Nero	سیاه
Prezzo	قیمت
Tazza	جام
Varietà	تنوع
Zucchero	قند

Campeggio
چادر زدن

Alberi	درختان
Amaca	بانوج
Animali	حیوانات
Avventura	ماجراجویی
Bussola	قطب نما
Cabina	کابین
Caccia	شکار
Canoa	قایق رانی
Cappello	کلاه
Corda	طناب
Divertimento	سرگرم کننده
Foresta	جنگل
Fuoco	آتش
Insetto	حشره
Lago	دریاچه
Luna	ماه
Mappa	نقشه
Montagna	کوه
Natura	طبیعت
Tenda	چادر

Casa
خانه

Bagno	حمام
Biblioteca	کتابخانه
Camera	اتاق
Camino	شومینه
Casa	خانه
Chiavi	کلیدها
Cucina	آشپزخانه
Doccia	دوش
Finestra	پنجره
Garage	گاراژ
Giardino	باغ
Lampada	لامپ
Parete	دیوار
Pavimento	کف
Porta	درب
Recinto	نرده
Scopa	جارو
Specchio	آینه
Tappeto	فرش
Tetto	سقف

Chimica
یمیش

Acido	دیسا
Alcalino	ییایلق
Atomico	یمتا
Calore	ترارح
Carbonio	نبرک
Catalizzatore	روزیلاتاک
Cloro	رلک
Elettrone	نورتکلا
Enzima	میزنآ
Gas	زاگ
Idrogeno	نژوردیه
Ione	نوی
Liquido	عیام
Molecola	لوکلوم
Nucleare	یا هتسه
Organico	یلآ
Ossigeno	نژیسکا
Peso	نزو
Sale	کمن
Temperatura	ترارح هجرد

Cibo #1
اذغ #1

Aglio	ریس
Basilico	ناحیر
Cannella	نیچراد
Carne	تشوگ
Carota	جیوه
Cipolla	زایپ
Fragola	یگنرف توت
Insalata	دالاس
Latte	ریش
Limone	ومیل
Menta	عانعن
Orzo	وج
Pera	یبالگ
Rapa	مغلش
Sale	کمن
Spinaci	جانفسا
Succo	بآ
Tonno	یهام نت
Torta	کیک
Zucchero	دنق

Cibo #2
اذغ #2

Banana	زوم
Broccolo	یلکورب ملک
Ciliegia	سالیگ
Cioccolato	تالکش
Formaggio	رینپ
Fungo	چراق
Grano	مدنگ
Kiwi	یویک
Mela	بیس
Melanzana	ناجمداب
Pane	نان
Pesce	یهام
Pollo	غرم
Pomodoro	یگنرف هجوگ
Prosciutto	نوبماژ
Riso	جنرب
Sedano	سفرک
Uovo	غرم مخت
Uva	روگنا
Yogurt	تسام

Cioccolato
تالکش

Amaro	خلت
Antiossidante	نادیسکا یتنآ
Arachidi	ینیمز ماداب
Aroma	رطع
Artigianale	یرگتعنص
Cacao	وئاکاک
Calorie	یرلاک
Caramella	تابن بآ
Caramello	لماراک
Delizioso	هزمشوخ
Dolce	ینیریش
Esotico	بیرغ و بیجع
Gusto	معط
Ingrediente	ءزج
Noce di Cocco	لیگران
Polvere	ردوپ
Preferito	هقالع دروم
Qualità	تیفیک
Zucchero	دنق

Città
کرهش

Aeroporto	هاگدورف
Banca	کناب
Biblioteca	هناخباتک
Cinema	امنیس
Clinica	هاگنامرد
Farmacia	هناخوراد
Fiorista	شورفلگ
Galleria	یرلاگ
Hotel	لته
Libreria	یشورفباتک
Mercato	رازاب
Museo	هزوم
Negozio	هاگشورف
Panetteria	ییاونان
Scuola	هسردم
Stadio	هاگشزرو
Supermercato	تکرامرپوس
Teatro	شیامن
Università	هاگشناد
Zoo	شحو غاب

Colori
اهگنر

Arancia	یجنران
Azzurro	یدروجال
Beige	ژب
Bianco	دیفس
Blu	یبآ
Ciano	یا هزوریف
Cremisi	یکشرز
Giallo	درز
Grigio	یرتسکاخ
Indaco	یلین
Magenta	یناوغرا
Marrone	نوارب
Nero	هایس
Rosa	یتروص
Rosso	زمرق
Seppia	یا هوهق
Verde	زبس
Viola	شفنب
Viola	شفنب

Conservazione
حفاظت

Acqua	آب
Ambientale	محیطی
Cambiamenti	تغییرات
Ciclo	چرخه
Clima	اقلیم
Ecosistema	زیست بوم
Educazione	تحصیلات
Habitat	زیستگاه
Inquinamento	آلودگی
Naturale	طبیعی
Organico	آلی
Pesticida	آفت کش
Preoccupazione	نگرانی
Riciclare	بازیافت
Salute	سلامت
Sostenibile	پایدار
Verde	سبز
Volontario	داوطلب

Corpo Umano
بدن انسان

Bocca	دهان
Caviglia	مچ پا
Cervello	مغز
Collo	گردن
Cuore	قلب
Dito	انگشت
Faccia	صورت
Gamba	پا
Ginocchio	زانو
Gomito	آرنج
Mano	دست
Mento	چانه
Naso	بینی
Occhio	چشم
Orecchio	گوش
Pelle	پوست
Sangue	خون
Spalla	شانه
Stomaco	معده
Testa	سر

Danza
رقص

Accademia	آکادمی
Arte	هنر
Classico	کلاسیک
Compagno	شریک
Coreografia	رقص
Corpo	بدن
Cultura	فرهنگ
Culturale	فرهنگی
Emozione	احساسات
Espressivo	رسا
Gioioso	شاد
Grazia	گریس
Movimento	جنبش
Musica	موسیقی
Postura	وضعیت
Prova	تمرین
Ritmo	ریتم
Salto	پرش
Tradizionale	سنتی
Visivo	بصری

Diplomazia
دیپلماسی

Ambasciata	سفارت
Ambasciatore	سفیر
Cittadini	شهروندان
Civico	مدنی
Comunità	انجمن
Conflitto	درگیری
Consigliere	مشاور
Cooperazione	همکاری
Diplomatico	دیپلماتیک
Discussione	بحث
Etica	اخلاق
Giustizia	عدالت
Governo	دولت
Integrità	یکپارچگی
Politica	سیاست
Risoluzione	وضوح
Sicurezza	امنیت
Soluzione	راه حل
Trattato	معاهده
Umanitario	بشردوستانه

Discipline Scientifiche
رشته های علمی

Anatomia	آناتومی
Archeologia	باستان شناسی
Astronomia	نجوم
Biochimica	بیوشیمی
Biologia	زیست شناسی
Botanica	گیاه شناسی
Chimica	شیمی
Ecologia	بوم شناسی
Fisiologia	فیزیولوژی
Geologia	زمین شناسی
Immunologia	ایمونولوژی
Linguistica	زبانشناسی
Meccanica	مکانیک
Meteorologia	هواشناسی
Mineralogia	کانی شناسی
Neurologia	اعصاب
Psicologia	روانشناسی
Sociologia	جامعه شناسی
Termodinamica	ترمودینامیک
Zoologia	جانورشناسی

Ecologia
بوم شناسی

Clima	اقلیم
Comunità	جوامع
Diversità	تنوع
Fauna	جانوران
Flora	فلور
Globale	جهانی
Habitat	زیستگاه
Marino	دریایی
Natura	طبیعت
Naturale	طبیعی
Palude	مرداب
Piante	گیاهان
Risorse	منابع
Siccità	خشکسالی
Sopravvivenza	بقا
Sostenibile	پایدار
Vegetazione	زندگی گیاهی
Volontari	داوطلبان

Edifici
ساختمان‌ها

Ambasciata	سفارت
Appartamento	آپارتمان
Cabina	کابین
Castello	قلعه
Cinema	سینما
Fabbrica	کارخانه
Fienile	انبار
Hotel	هتل
Laboratorio	آزمایشگاه
Museo	موزه
Ospedale	بیمارستان
Osservatorio	رصدخانه
Ostello	خوابگاه
Scuola	مدرسه
Stadio	ورزشگاه
Supermercato	سوپرمارکت
Teatro	نمایش
Tenda	چادر
Torre	برج
Università	دانشگاه

Elettricità
برق

Attrezzatura	تجهیزات
Batteria	باتری
Cavo	کابل
Conservazione	ذخیره سازی
Elettricista	برقکار
Elettrico	برقی
Generatore	ژنراتور
Lampada	لامپ
Laser	لیزر
Magnete	آهن ربا
Negativo	منفی
Oggetti	اشیاء
Positivo	مثبت
Presa	سوکت
Quantità	مقدار
Rete	شبکه
Telefono	تلفن
Televisione	تلویزیون

Emozioni
احساسات

Amore	عشق
Beatitudine	سعادت
Calma	آرام
Contenuto	محتوا
Gentilezza	مهربانی
Gioia	شادی
Grato	سپاسگزار
Imbarazzato	خجالت
Noia	کسالت
Pace	صلح
Paura	ترس
Rabbia	خشم
Rilievo	تسکین
Simpatia	همدردی
Soddisfatto	راضی
Tenerezza	حساسیت
Tranquillità	آرامش
Tristezza	اندوه و غم

Energia
انرژی

Ambiente	محیط
Batteria	باتری
Benzina	بنزین
Calore	حرارت
Carbonio	کربن
Carburante	سوخت
Diesel	دیزل
Elettrico	برقی
Elettrone	الکترون
Entropia	آنتروپي
Fotone	فوتون
Idrogeno	هیدروژن
Industria	صنعت
Inquinamento	آلودگی
Motore	موتور
Nucleare	هسته ای
Rinnovabile	تجدید پذیر
Turbina	توربین
Vapore	بخار
Vento	باد

Erboristeria
گیاه شناسی

Aglio	سیر
Aneto	شوید
Aromatico	معطر
Basilico	ریحان
Culinario	آشپزی
Dragoncello	ترخون
Finocchio	رازیانه
Fiore	گل
Giardino	باغ
Ingrediente	جزء
Lavanda	اسطوخودوس
Maggiorana	مرجان
Menta	نعناع
Origano	پونه کوهی
Prezzemolo	جعفری
Qualità	کیفیت
Rosmarino	رزماری
Timo	آویشن
Verde	سبز
Zafferano	زعفران

Etica
اخلاق

Altruismo	نوع دوستی
Benevolo	خیرخواه
Compassione	شفقت
Cooperazione	همکاری
Dignità	کرامت
Diplomatico	دیپلماتیک
Filosofia	فلسفه
Gentilezza	مهربانی
Individualismo	فردگرایی
Integrità	یکپارچگی
Onestà	صداقت
Ottimismo	خوش بینی
Pazienza	صبر
Ragionevole	معقول
Razionalità	عقلانیت
Realismo	واقع گرایی
Rispettoso	احترام
Saggezza	حکمت
Tolleranza	تحمل
Umanità	بشریت

Fantascienza
داستان علمی تخیلی

Atomico	اتمی
Cinema	سینما
Distopia	دیستوپیا
Esplosione	انفجار
Estremo	مفرط
Fuoco	آتش
Futuristico	آینده نگر
Galassia	کهکشان
Illusione	توهم
Immaginario	خیالی
Libri	کتابها
Misterioso	مرموز
Mondo	جهان
Oracolo	اوراکل
Pianeta	سیاره
Romanzi	رمان
Scenario	سناریو
Tecnologia	تکنولوژی
Utopia	مدینه فاضله

Fattoria #1
مزرعه #1

Acqua	آب
Agricoltura	کشاورزی
Ape	زنبور عسل
Asino	خر
Campo	مزرعه
Cane	سگ
Capra	بز
Cavallo	اسب
Fertilizzante	کود
Fieno	یونجه
Gatto	گربه
Gregge	گله
Maiale	خوک
Miele	عسل
Mucca	گاو
Pollo	مرغ
Recinto	نرده
Riso	برنج
Semi	دانه
Vitello	گوساله

Fattoria #2
مزرعه #2

Agnello	بره
Agricoltore	کشاورز
Anatra	اردک
Animali	حیوانات
Cibo	غذا
Fienile	انبار
Frutta	میوه
Frutteto	باغ
Grano	گندم
Irrigazione	آبیاری
Lama	لاما
Latte	شیر
Mais	ذرت
Maturo	رسیده
Oche	غازها
Orzo	جو
Pastore	چوپان
Pecora	گوسفند
Prato	چمنزار
Trattore	تراکتور

Fisica
فیزیک

Accelerazione	شتاب
Atomo	اتم
Caos	آشوب
Chimico	شیمیایی
Densità	تراکم
Elettrone	الکترون
Espansione	گسترش
Formula	فرمول
Frequenza	فرکانس
Gas	گاز
Gravità	جاذبه
Magnetismo	مغناطیس
Meccanica	مکانیک
Molecola	مولکول
Motore	موتور
Nucleare	هسته ای
Particella	ذره
Relatività	نسبیت
Universale	جهانی
Velocità	سرعت

Foresta Pluviale
جنگل بارانی

Anfibi	دوزیستان
Botanico	گیاه شناسی
Clima	اقلیم
Comunità	انجمن
Diversità	تنوع
Giungla	جنگل
Indigeno	بومی
Insetti	حشرات
Mammiferi	پستانداران
Muschio	خزه
Natura	طبیعت
Nuvole	ابرها
Preservazione	حفظ
Prezioso	با ارزش
Restauro	ترمیم
Rifugio	پناه
Rispetto	احترام
Sopravvivenza	بقا
Uccelli	پرندگان

Forme
اشکال

Angolo	گوشه
Arco	کمان
Cerchio	دایره
Cilindro	سیلندر
Cono	مخروط
Cubo	مکعب
Curva	منحنی
Iperbole	هذلولی
Lato	سمت
Linea	خط
Ovale	بیضی
Piramide	هرم
Poligono	چند ضلعی
Prisma	منشور
Quadrato	مربع
Rettangolo	مستطیل
Rotondo	گرد
Sfera	کره
Triangolo	مثلث

Forza e Gravità
ەبذاج و ورین

Asse	روحم
Attrito	کاکطصا
Centro	زکرم
Dinamico	ایوپ
Distanza	هلصاف
Espansione	شرتسگ
Fisica	کیزیف
Magnetismo	سیطانغم
Meccanica	کیناکم
Movimento	تکرح
Orbita	رادم
Peso	نزو
Pianeti	تارایس
Pressione	راشف
Proprietà	صاوخ
Scoperta	فشک
Tempo	نامز
Universale	یناهج
Velocità	تعرس

Frutta
هویم

Albicocca	ولآدرز
Ananas	سانانآ
Arancia	یجنران
Avocado	وداکووآ
Bacca	توت
Banana	زوم
Ciliegia	سالیگ
Fico	لکش
Kiwi	یویک
Lampone	کشمت
Limone	ومیل
Mango	هبنا
Mela	بیس
Melone	هزبرخ
Nettarina	لیلش
Papaia	ایاپاپ
Pera	یبالگ
Pesca	ولە
Prugna	ولآ
Uva	روگنا

Geografia
ایفارغج

Altitudine	عافترا
Atlante	سلطا
Città	رهش
Continente	هراق
Emisfero	هرکمین
Fiume	هناخدور
Isola	هریزج
Latitudine	ییایفارغج ضرع
Longitudine	لوط
Mappa	هشقن
Mare	ایرد
Meridiano	راهنلا فصن
Mondo	ناهج
Montagna	هوک
Nord	لامش
Ovest	برغ
Paese	روشک
Regione	هقطنم
Sud	بونج
Territorio	ورملق

Geologia
یسانشنیمز

Acido	یدیسا
Altopiano	تالف
Calcio	میسلک
Caverna	راغ
Continente	هراق
Corallo	ناجرم
Cristalli	لاتسیرک
Erosione	شیاسرف
Fossile	یلیسف
Lava	هزادگ
Minerali	یندعم داوم
Pietra	گنس
Quarzo	زتراوک
Sale	کمن
Stalagmiti	تیمگالاتسا
Stalattite	تیتکالاتسا
Strato	هیال
Terremoto	هلزلز
Vulcano	ناشفشتآ
Zona	هقطنم

Geometria
هسدنه

Altezza	عافترا
Angolo	هیواز
Calcolo	هباسحم
Cerchio	هریاد
Curva	ینحنم
Diametro	رطق
Dimensione	دعب
Equazione	هلداعم
Logica	قطنم
Mediano	هنایم
Numero	هرامش
Orizzontale	یقفا
Parallelo	یزاوم
Proporzione	بسانت
Segmento	شخب
Simmetria	نراقت
Superficie	حطس
Teoria	هیرظن
Triangolo	ثلثم
Verticale	یدومع

Giardino
غاب

Albero	تخرد
Amaca	جوناب
Cespuglio	شوب
Erba	نمچ
Erbacce	زره یاه فلع
Fiore	لگ
Garage	ژاراگ
Giardino	غاب
Pala	لیب
Panca	تکمین
Portico	ناویا
Rastrello	شک نش
Recinto	هدرن
Stagno	هکرب
Suolo	کاخ
Terrazza	سارت
Trampolino	نیلوپمارت
Tubo	گنلش
Vite	کات

Giorni e Mesi

اهام و اهزور

Agosto	توا
Anno	لاس
Aprile	لیروآ
Calendario	میوقت
Dicembre	ربماسد
Domenica	هبنشکی
Febbraio	هیروف
Gennaio	هیوناژ
Giugno	نئوژ
Luglio	هیالوژ
Lunedì	هبنشود
Martedì	هبنش هس
Mercoledì	هبنشراهچ
Mese	هام
Novembre	ربماون
Ottobre	ربتکا
Sabato	هبنش
Settembre	ربماتپس
Settimana	هتفه
Venerdì	هعمج

Governo

تلود

Capo	ربهر
Cittadinanza	تیعبات
Civile	یندم
Costituzione	یساسا نوناق
Democrazia	یسارکومد
Discorso	ینارنخس
Discussione	ثحب
Giudiziario	ییاضق
Giustizia	تلادع
Indipendenza	لالقتسا
Legge	نوناق
Libertà	یدازآ
Monumento	یدانب
Nazionale	یلم
Nazione	تلم
Politica	تسایس
Quartiere	هقطنم
Simbolo	دامن
Stato	تلود
Uguaglianza	یربارب

Guida

یگدننار

Auto	نیشام
Autobus	سوبوتا
Carburante	تخوس
Freni	زمرت
Garage	ژاراگ
Gas	زاگ
Incidente	فداصت
Licenza	زوجم
Mappa	هشقن
Moto	تلکیسروتوم
Motore	روتوم
Pedonale	هدایپ رباع
Pericolo	رطخ
Polizia	سیلپ
Sicurezza	ینما
Strada	هداج
Traffico	کیفارت
Trasporto	لقن و لمح
Tunnel	لنوت
Velocità	تعرس

I Media

اه هناسر

Commerciale	یراجت
Comunicazione	طابترا
Digitale	لاتیجید
Edizione	هخسن
Educazione	تالیصحت
Fatti	قیاقح
Foto	سکع
Immagini	ریواصت
Individuale	یصخش
Industria	تعنص
Intellettuale	یرکف
Locale	یلحم
Online	تنرتنیا
Opinione	رظن
Pubblicità	تاغیلبت
Pubblico	یمومع
Radio	ویدار
Rete	هکبش
Riviste	تالجم
Televisione	نویزیولت

Imbarcazioni

قیاق

Albero	لکد
Ancora	رگنل
Boa	روانش
Canoa	یناررا قیاق
Corda	بانط
Dock	هلکسا
Equipaggio	همدخ
Fiume	هناخدور
Kayak	کایاک
Lago	هچایرد
Mare	ایرد
Marea	رزج و دم
Marinaio	ناولم
Motore	روتوم
Nautico	ییایرد
Oceano	سونایقا
Onde	جاوما
Traghetto	یرف
Yacht	ینابداب قیاق
Zattera	قیاق

Ingegneria

یسدنهم

Angolo	هیواز
Asse	روحم
Calcolo	هبساحم
Costruzione	زاس و تخاس
Diagramma	رادومن
Diametro	رطق
Diesel	لزید
Distribuzione	عیزوت
Energia	یژرنا
Forza	ماکحتسا
Leve	مرها
Liquido	عیام
Macchina	نیشام
Misurazione	یریگ هزادنا
Motore	روتوم
Movimento	تکرح
Profondità	قمع
Rotazione	شخرچ
Stabilità	تابث
Struttura	راتخاس

Jazz
زاج

Album	موبلآ
Artista	دنمرنه
Batteria	مارد
Canzone	هنارت
Compositore	زاسگنهآ
Composizione	بیکرت
Concerto	ترسنک
Enfasi	دیکات
Famoso	روهشم
Improvvisazione	ههادب
Musica	یقیسوم
Musicisti	ناگدنزاون
Nuovo	دیدج
Orchestra	ارتسکرا
Preferiti	هاوخلد دروم
Ritmo	متیر
Stile	کبس
Talento	دادعتسا
Tecnica	کینکت
Vecchio	میدق

L'Azienda
تکرش

Creativo	قالخ
Decisione	میمصت
Globale	یناهج
Industria	تعنص
Innovativo	هنالقالخ
Investimento	یراذگ هیامرس
Occupazione	لاغتشا
Possibilità	ناکما
Presentazione	هئارا
Prodotto	لوصحم
Professionale	یا هفرح
Progresso	تفرشیپ
Qualità	تیفیک
Reddito	دمآرد
Reputazione	ترهش
Rischi	تارطخ
Risorse	عبانم
Salari	دزمتسد
Tendenze	دنور
Unità	دحاو

Letteratura
تایبدا

Analisi	لیلحت
Analogia	سایق
Aneddoto	تیاکح
Autore	هدنسیون
Biografia	یفارگویب
Conclusione	هجیتن
Confronto	هسیاقم
Critica	دقن
Descrizione	حرش
Dialogo	وگتفگ
Metafora	هراعتسا
Opinione	رظن
Poesia	رعش
Poetico	هنارعاش
Rima	هیفاق
Ritmo	متیر
Romanzo	نامر
Stile	کبس
Tema	مت
Tragedia	یدژارت

Libri
اهباتک

Autore	هدنسیون
Avventura	یوجارجام
Collezione	هعومجم
Contesto	تفاب
Dualità	یگناگود
Epico	هسامح
Inventivo	رکتبم
Letterario	یبدا
Lettore	هدنناوخ
Narratore	یوار
Pagina	هحفص
Poesia	رعش
Rilevante	طوبرم
Romanzo	نامر
Scritto	هدش هتشون
Serie	یرس
Storia	ناتساد
Storico	یخیرات
Tragico	مغ زیگنا
Umoristico	زنط

Malattia
یرامیب

Acuto	داح
Addominale	مکش
Allergie	یژرلآ
Batterico	ییایرتکاب
Contagioso	یرسم
Corpo	ندب
Cronico	نمزم
Cuore	بلق
Debole	فیعض
Ereditario	یثرا
Genetico	یکیتنژ
Immunità	ینمیا
Infiammazione	باهتلا
Lombare	یرمک
Neuropatia	یتاپورون
Polmonare	یویر
Respiratorio	یسفنت
Salute	تمالس
Sindrome	مردنس
Terapia	نامرد

Mammiferi
نارادناتسپ

Balena	گنهن
Cane	گس
Canguro	وروگناک
Cavallo	بسا
Cervo	وهآ
Coniglio	شوگرخ
Coyote	یتویاک
Delfino	نیفلد
Elefante	لیف
Gatto	هبرگ
Giraffa	هفارز
Gorilla	لیروگ
Leone	ریش
Lupo	گرگ
Orso	سرخ
Pecora	دنفسوگ
Scimmia	نومیم
Toro	واگ رن
Volpe	هابور
Zebra	رخروگ

Matematica
ریاضی

Angoli	زاویه
Aritmetica	حساب
Circonferenza	دور
Decimale	اعشاری
Diametro	قطر
Divisione	بخش
Equazione	معادله
Esponente	نما
Frazione	کسر
Geometria	هندسه
Parallelo	موازی
Perimetro	محیط
Perpendicolare	عمود
Poligono	چند ضلعی
Quadrato	مربع
Raggio	شعاع
Rettangolo	مستطیل
Simmetria	تقارن
Somma	جمع
Triangolo	مثلث

Meditazione
مدیتیشن

Accettazione	پذیرش
Attenzione	توجه
Calma	آرام
Chiarezza	وضوح
Compassione	شفقت
Emozioni	احساسات
Gentilezza	مهربانی
Gratitudine	قدردانی
Mentale	ذهنی
Mente	ذهن
Movimento	جنبش
Musica	موسیقی
Natura	طبیعت
Osservazione	مشاهده
Pace	صلح
Pensieri	افکار
Postura	وضعیت
Prospettiva	چشم انداز
Respirazione	تنفس
Silenzio	سکوت

Meteo
وضع هوا

Arcobaleno	رنگین کمان
Asciutto	خشک
Atmosfera	اتمسفر
Brezza	نسیم
Calma	آرام
Cielo	آسمان
Clima	اقلیم
Fulmine	رعد و برق
Ghiaccio	یخ
Nebbia	مه
Nube	ابر
Polare	قطبی
Siccità	خشکسالی
Temperatura	درجه حرارت
Tempesta	طوفان
Tornado	گردباد
Tropicale	گرمسیری
Tuono	تندر
Umido	مرطوب
Vento	باد

Misurazioni
اندازه گیری

Altezza	ارتفاع
Byte	بایت
Centimetro	سانتیمتر
Chilogrammo	کیلوگرم
Chilometro	کیلومتر
Decimale	اعشاری
Grado	درجه
Grammo	گرم
Larghezza	عرض
Litro	لیتر
Lunghezza	طول
Massa	جرم
Metro	متر
Minuto	دقیقه
Oncia	اونس
Peso	وزن
Pollice	اینچ
Profondità	عمق
Tonnellata	تن

Mitologia
اسطوره شناسی

Archetipo	کهن الگو
Comportamento	رفتار
Creatura	موجود
Creazione	ایجاد
Cultura	فرهنگ
Disastro	فاجعه
Divinità	خدایان
Eroe	قهرمان
Forza	استحکام
Fulmine	رعد و برق
Gelosia	حسادت
Guerriero	جنگجو
Immortalità	جاودانگی
Labirinto	هزارتو
Leggenda	افسانه
Magico	جادویی
Mortale	فانی
Mostro	هیولا
Tuono	تندر
Vendetta	انتقام

Moda
مد

Abbigliamento	لباس
Boutique	بوتیک
Caro	گران
Confortevole	راحت
Elegante	زیبا
Minimalista	مینیمالیستی
Modello	الگو
Moderno	مدرن
Modesto	فروتن
Originale	اصلی
Pizzo	توری
Pratico	عملی
Pulsanti	دکمه
Ricamo	گلدوزی
Semplice	ساده
Sofisticato	پیچیده
Stile	سبک
Tendenza	روند
Tessuto	پارچه
Trama	بافت

Musica
موسیقی

Album	آلبوم
Armonia	هارمونی
Armonico	هارمونیک
Ballata	تصنیف
Cantante	خواننده
Cantare	بخوان
Classico	کلاسیک
Coro	گروه کر
Lirico	ترانه
Melodia	ملودی
Microfono	میکروفون
Musicale	موزیکال
Musicista	نوازنده
Opera	اپرا
Poetico	شاعرانه
Registrazione	ضبط
Ritmico	ریتمیک
Ritmo	ریتم
Strumento	ابزار
Vocale	آواز

Natura
طبیعت

Animali	حیوانات
Api	زنبورها
Artico	قطب شمال
Bellezza	زیبایی
Deserto	کویر
Dinamico	پویا
Erosione	فرسایش
Fiume	رودخانه
Fogliame	شاخ و برگ
Foresta	جنگل
Ghiacciaio	یخچال
Nebbia	مه
Nuvole	ابرها
Rifugio	پناه
Santuario	پناهگاه
Scogliere	صخره
Selvaggio	وحشی
Sereno	آرام
Tropicale	گرمسیری
Vitale	حیاتی

Numeri
اعداد

Cinque	پنج
Decimale	اعشاری
Diciannove	نوزده
Diciassette	هفده
Diciotto	هجده
Dieci	ده
Dodici	دوازده
Due	دو
Nove	نه
Otto	هشت
Quattordici	چهارده
Quattro	چهار
Quindici	پانزده
Sedici	شانزده
Sei	شش
Sette	هفت
Tre	سه
Tredici	سیزده
Venti	بیست
Zero	صفر

Nutrizione
تغذیه

Amaro	تلخ
Appetito	اشتها
Bilanciato	متعادل
Calorie	کالری
Carboidrati	کربوهیدرات
Commestibile	خوراکی
Dieta	رژیم غذایی
Digestione	هضم
Fermentazione	تخمیر
Liquidi	مایعات
Nutriente	مواد مغذی
Peso	وزن
Proteine	پروتئین
Qualità	کیفیت
Salsa	سس
Salute	سلامتی
Sano	سالم
Spezie	ادویه
Tossina	سم
Vitamina	ویتامین

Oceano
اقیانوس

Alghe	جلبک
Anguilla	مارماهی
Balena	نهنگ
Barca	قایق
Corallo	مرجان
Delfino	دلفین
Gamberetto	میگو
Granchio	خرچنگ
Medusa	عروس دریایی
Onde	امواج
Ostrica	صدف
Pesce	ماهی
Polpo	اختاپوس
Sale	نمک
Scogliera	تپه دریایی
Spugna	اسفنج
Squalo	کوسه
Tartaruga	لاک پشت
Tempesta	طوفان
Tonno	ماهی تن

Paesaggi
چشم انداز

Cascata	آبشار
Collina	تپه
Deserto	کویر
Fiume	رودخانه
Ghiacciaio	یخچال
Golfo	خلیج
Grotta	غار
Iceberg	کوه یخ
Isola	جزیره
Lago	دریاچه
Mare	دریا
Montagna	کوه
Oasi	واحه
Oceano	اقیانوس
Palude	باتلاق
Penisola	شبه جزیره
Spiaggia	ساحل
Tundra	توندرا
Valle	دره
Vulcano	آتشفشان

Paesi #1
اەروشک #1

Brasile	لیزرب
Cambogia	چوبماک
Canada	اداناک
Egitto	رصم
Finlandia	دنالنف
Germania	آلمان
India	دنه
Iraq	قارع
Israele	اسرائیل
Libia	لیبی
Mali	مالی
Marocco	مراکش
Norvegia	نروژ
Panama	پاناما
Polonia	لهستان
Romania	رومانی
Senegal	سنگال
Spagna	اسپانیا
Venezuela	ونزوئلا
Vietnam	ویتنام

Paesi #2
اەروشک #2

Albania	آلبانی
Danimarca	دانمارک
Etiopia	اتیوپی
Giamaica	جامائیکا
Giappone	ژاپن
Grecia	یونان
Haiti	هائیتی
Indonesia	اندونزی
Irlanda	ایرلند
Laos	لائوس
Liberia	لیبریا
Messico	مکزیک
Nepal	نپال
Nigeria	نیجریه
Pakistan	پاکستان
Russia	روسیه
Siria	سوریه
Sudan	سودان
Ucraina	اوکراین
Uganda	اوگاندا

Piante
گیاهان

Albero	درخت
Bacca	توت
Bambù	بامبو
Botanica	گیاه شناسی
Cactus	کاکتوس
Cespuglio	بوش
Crescere	رشد
Edera	پیچک
Erba	چمن
Fagiolo	لوبیا
Fertilizzante	کود
Fiore	گل
Flora	فلور
Fogliame	شاخ و برگ
Foresta	جنگل
Giardino	باغ
Muschio	خزه
Petalo	گلبرگ
Radice	ریشه
Vegetazione	زندگی گیاهی

Professioni #1
حرفه #1

Allenatore	مربی
Ambasciatore	سفیر
Artista	هنرمند
Astronomo	ستاره شناس
Avvocato	وکیل
Ballerino	رقصنده
Banchiere	بانکدار
Cacciatore	شکارچی
Cartografo	نقشه نگار
Editore	ویرایشگر
Farmacista	داروساز
Geologo	زمین شناس
Gioielliere	جواهر
Idraulico	لوله کش
Infermiera	پرستار
Musicista	نوازنده
Pianista	پیانیست
Psicologo	روانشناس
Scienziato	دانشمند
Veterinario	دامپزشک

Professioni #2
حرفه #2

Astronauta	فضانورد
Bibliotecario	کتابدار
Biologo	زیست شناس
Chirurgo	جراح
Dentista	دندانپزشک
Detective	کارآگاه
Filosofo	فیلسوف
Fotografo	عکاس
Giardiniere	باغبان
Giornalista	خبرنگار
Illustratore	تصویرگر
Ingegnere	مهندس
Insegnante	معلم
Inventore	مخترع
Linguista	زبانشناس
Medico	پزشک
Pilota	خلبان
Pittore	نقاش
Ricercatore	محقق
Zoologo	جانورشناس

Psicologia
روانشناسی

Appuntamento	قرار ملاقات
Clinico	بالینی
Cognizione	شناخت
Comportamento	رفتار
Conflitto	درگیری
Ego	نفس
Emozioni	احساسات
Esperienze	تجربیات
Inconscio	ناخودآگاه
Infanzia	کودکی
Pensieri	افکار
Percezione	ادراک
Personalità	شخصیت
Problema	مشکل
Realtà	واقعیت
Ricordi	خاطرات
Sensazione	احساس
Sogni	رویاها
Terapia	درمان
Valutazione	ارزیابی

Riempire

برای رپ کردن

Bacino	حوض
Barile	بشکه
Borsa	کیسه
Bottiglia	بطری
Busta	پاکت
Cartella	پوشه
Cartone	کارتن
Cassetto	کشو
Cesto	سبد
Nave	کشتی
Pacchetto	بسته
Scatola	جعبه
Secchio	سطل
Tasca	جیب
Tubo	لوله
Valigia	چمدان
Vasca	وان
Vaso	گلدان
Vassoio	سینی

Riscaldamento Globale

گرمایش جهانی

Ambientale	محیطی
Artico	قطب شمال
Attenzione	توجه
Clima	اقلیم
Crisi	بحران
Dati	داده
Energia	انرژی
Futuro	آینده
Gas	گاز
Generazioni	نسل
Governo	دولت
Habitat	زیستگاه
Industria	صنعت
Internazionale	بین المللی
Legislazione	قانون گذاری
Ora	اکنون
Popolazioni	جمعیت
Scienziato	دانشمند
Sviluppo	توسعه
Temperature	دما

Ristorante #2

رستوران #2

Acqua	آب
Bevanda	نوشیدنی
Cameriere	گارسون
Cena	شام
Cucchiaio	قاشق
Delizioso	خوشمزه
Forchetta	چنگال
Frutta	میوه
Ghiaccio	یخ
Insalata	سالاد
Minestra	سوپ
Pesce	ماهی
Pranzo	ناهار
Sale	نمک
Sedia	صندلی
Spezie	ادویه
Torta	کیک
Uova	تخم مرغ
Verdure	سبزیجات

Salute e Benessere #1

#1 بهداشت و سلامتی

Abitudine	عادت
Altezza	ارتفاع
Attivo	فعال
Batteri	باکتری
Clinica	درمانگاه
Fame	گرسنگی
Farmacia	داروخانه
Frattura	شکستگی
Medicina	پزشکی
Medico	دکتر
Muscoli	عضلات
Nervi	اعصاب
Ormoni	هورمون
Ossa	استخوان
Pelle	پوست
Postura	وضعیت
Riflesso	رفلکس
Rilassamento	آرامش
Terapia	درمان
Virus	ویروس

Salute e Benessere #2

2 # بهداشت و سلامتی

Allergia	آلرژی
Anatomia	آناتومی
Appetito	اشتها
Caloria	کالری
Corpo	بدن
Dieta	رژیم غذایی
Digestione	هضم
Disidratazione	کم آبی بدن
Energia	انرژی
Genetica	ژنتیک
Igiene	بهداشت
Infezione	عفونت
Malattia	بیماری
Massaggio	ماساژ
Nutrizione	تغذیه
Ospedale	بیمارستان
Peso	وزن
Sangue	خون
Sano	سالم
Vitamina	ویتامین

Scienza

علم

Atomo	اتم
Chimico	شیمیایی
Clima	اقلیم
Dati	داده
Esperimento	آزمایش
Evoluzione	تکامل
Fatto	حقیقت
Fisica	فیزیک
Fossile	فسیلی
Gravità	جاذبه
Ipotesi	فرضیه
Laboratorio	آزمایشگاه
Metodo	روش
Minerali	مواد معدنی
Molecole	مولکول ها
Natura	طبیعت
Organismo	ارگانیسم
Osservazione	مشاهده
Particelle	ذرات
Scienziato	دانشمند

Spezie
ادویه جات

Aglio	ریس
Amaro	تلخ
Cannella	دارچین
Cardamomo	هل
Cipolla	پیاز
Coriandolo	گشنیز
Cumino	زیره
Curcuma	زردچوبه
Curry	کاری
Dolce	شیرین
Finocchio	رازیانه
Gusto	طعم
Liquirizia	شیرین بیان
Noce Moscata	جوز هندی
Paprika	فلفل قرمز
Pepe	فلفل
Sale	نمک
Vaniglia	وانیل
Zafferano	زعفران
Zenzero	زنجبیل

Sport
ورزشی

Allenatore	مربی
Atleta	ورزشکار
Capacità	توانایی
Ciclismo	دوچرخه سواری
Corpo	بدن
Danza	رقص
Dieta	رژیم غذایی
Forza	استحکام
Jogging	دویدن
Massimizzare	حداکثر کردن
Metabolico	متابولیک
Muscoli	عضلات
Nutrizione	تغذیه
Obiettivo	هدف
Ossa	استخوان
Programma	برنامه
Resistenza	استقامت
Salute	سلامت
Sportivo	ورزش
Stretching	کشش

Tempo
زمان

Anno	سال
Annuale	سالانه
Calendario	تقویم
Decennio	دهه
Futuro	آینده
Giorno	روز
Ieri	دیروز
Mattina	صبح
Mese	ماه
Mezzogiorno	ظهر
Minuto	دقیقه
Momento	لحظه
Notte	شب
Oggi	امروز
Ora	ساعت
Ora	اکنون
Presto	به زودی
Prima	از قبل
Secolo	قرن
Settimana	هفته

Tipi di Capelli
انواع مو

Argento	نقره
Asciutto	خشک
Bianco	سفید
Biondo	بور
Breve	کوتاه
Calvo	طاس
Colorato	رنگی
Grigio	خاکستری
Intrecciato	بافته
Liscio	صاف
Lungo	بلند
Marrone	قهوه‌ای
Morbido	نرم
Nero	سیاه
Riccio	فرفری
Riccioli	فر
Sano	سالم
Sottile	نازک
Spessore	ضخیم
Trecce	اراون

Uccelli
پرندگان

Airone	حواصیل
Anatra	اردک
Aquila	عقاب
Cicogna	لک لک
Cigno	قو
Cuculo	فاخته
Falco	شاهین
Fenicottero	فلامینگو
Gufo	جغد
Oca	غاز
Pappagallo	طوطی
Passero	گنجشک
Pavone	طاووس
Pellicano	پلیکان
Piccione	کبوتر
Pinguino	پنگوئن
Pollo	مرغ
Struzzo	شترمرغ
Tucano	توکان
Uovo	تخم مرغ

Universo
گیتی

Asteroide	سیارک
Astronomia	نجوم
Astronomo	ستاره شناس
Atmosfera	اتمسفر
Buio	تاریکی
Celeste	آسمانی
Cielo	آسمان
Cosmico	کیهانی
Emisfero	نیمکره
Galassia	کهکشان
Latitudine	عرض جغرافیایی
Longitudine	طول
Luna	ماه
Orbita	مدار
Orizzonte	افق
Solare	خورشیدی
Solstizio	انقلاب
Telescopio	تلسکوپ
Visibile	قابل رویت
Zodiaco	زودیاک

Vacanze #2
تعطیلات #2

Aeroporto	فرودگاه
Campeggio	کمپینگ
Destinazione	مقصد
Foto	عکس
Hotel	هتل
Isola	جزیره
Mappa	نقشه
Mare	دریا
Passaporto	گذرنامه
Ristorante	رستوران
Spiaggia	ساحل
Straniero	خارجی
Taxi	تاکسی
Tempo Libero	فراغت
Tenda	چادر
Trasporto	حمل و نقل
Treno	قطار
Vacanza	تعطیلات
Viaggio	سفر
Visto	ویزا

Veicoli
وسایل نقلیه

Aereo	هواپیما
Ambulanza	آمبولانس
Auto	ماشین
Autobus	اتوبوس
Bicicletta	دوچرخه
Camion	کامیون
Caravan	کاروان
Elicottero	هلیکوپتر
Metropolitana	مترو
Motore	موتور
Navetta	شاتل
Pneumatici	لاستیک
Razzo	موشک
Scooter	اسکوتر
Sottomarino	زیردریایی
Taxi	تاکسی
Traghetto	فری
Trattore	تراکتور
Treno	قطار
Zattera	قایق

Verdure
سبزیجات

Aglio	سیر
Broccolo	کلم بروکلی
Carciofo	کنگر فرنگی
Carota	هویج
Cetriolo	خیار
Cipolla	پیاز
Fungo	قارچ
Insalata	سالاد
Melanzana	بادمجان
Patata	سیب زمینی
Pisello	نخود فرنگی
Pomodoro	گوجه فرنگی
Prezzemolo	جعفری
Rapa	شلغم
Ravanello	تربچه
Scalogno	موسیر
Sedano	کرفس
Spinaci	اسفناج
Zenzero	زنجبیل
Zucca	کدو تنبل

Vestiti
لباس

Abito	لباس
Braccialetto	دستبند
Calzini	جوراب
Camicetta	بلوز
Camicia	پیراهن
Cappello	کلاه
Cappotto	کت
Cintura	کمربند
Collana	گردنبند
Gonna	دامن
Grembiule	پیشبند
Guanti	دستکش
Jeans	شلوار جین
Maglione	ژاکت
Moda	مد
Pantaloni	شلوار
Pigiama	لباس خواب
Sandali	صندل
Scarpa	کفش
Sciarpa	روسری

Congratulazioni

Ce l'hai fatta!

Speriamo che questo libro vi sia piaciuto tanto quanto a noi è piaciuto concepirlo. Ci sforziamo di creare libri della più alta qualità possibile.
Questa edizione è progettata per fornire un apprendimento intelligente, di qualità e divertente!

Le è piaciuto questo libro?

Una Semplice Richiesta

Questi libri esistono grazie alle recensioni che pubblicate.

Puoi aiutarci lasciando una recensione
ora a questo link ?

BestBooksActivity.com/Recensioni50

SFIDA FINALE!

Sfida n°1

Sei pronto per il tuo gioco gratuito? Li usiamo sempre, ma non sono così facili da trovare - ecco i Sinonimi!
Scrivi 5 parole che hai trovato nei puzzle (n° 21, n° 36, n° 76) e prova a trovare 2 sinonimi per ogni parola.

*Scrivi 5 parole del **Puzzle 21***

Parole	Sinonimo 1	Sinonimo 2

*Scrivi 5 parole del **Puzzle 36***

Parole	Sinonimo 1	Sinonimo 2

*Scrivi 5 parole del **Puzzle 76***

Parole	Sinonimo 1	Sinonimo 2

Sfida n°2

Ora che ti sei riscaldato, scrivi 5 parole che hai trovato nei puzzle n° 9, n° 17 e n° 25 e cerca di trovare 2 contrari per ogni parola. Quanti ne puoi trovare in 20 minuti?

Scrivi 5 parole del ***Puzzle 9***

Parole	Antonimo 1	Antonimo 2

Scrivi 5 parole del ***Puzzle 17***

Parole	Antonimo 1	Antonimo 2

Scrivi 5 parole del ***Puzzle 25***

Parole	Antonimo 1	Antonimo 2

Sfida n°3

Grande! Questa sfida  non è niente per te!

Pronto per la sfida finale? Scegli 10 parole che hai scoperto nei diversi puzzle e scrivile qui sotto.

1.	6.
2.	7.
3.	8.
4.	9.
5.	10.

Ora scrivi un testo pensando a una persona, un animale o un luogo che ti piace.

Puoi usare l'ultima pagina di questo libro come bozza.

La tua composizione:

TACCUINO:

A PRESTO!

Tutta la Squadra

www.ingramcontent.com/pod-product-compliance
Lightning Source LLC
Chambersburg PA
CBHW082048120626
46553CB00011B/3319